1 BITCOIN = 1 MILLON DE DOLARES

Por qué la cripto-divisa podría romper los pronósticos más optimistas mucho antes de lo esperado.

ALEJO RYB

ONE LIFE EDITORES. 110. PAGINAS

2017.

ADVERTENCIA: Este libro es una mera especulación, basada en ideas personales del autor. Invertir en bitcoin implica afrontar riesgos de pérdida de todo el capital y ni el autor ni la editorial se hacen responsables de estos riesgos. El lector podrá evaluar los argumentos y los datos que brinda el autor tras su investigación y hacer su propia evaluación del tema de la cual será totalmente responsable

"Muévete rápido y rompe objetos. Si no estás rompiendo objetos, es que no te estás moviendo lo suficientemente rápido" – Mark Zuckerberg. Fundador de Facebook.

"Incluso el inversionista inteligente es probable que necesite de considerable fuerza de voluntad para no seguir a la multitud" Benjamin Graham. El inversor inteligente.

I- INTRODUCCION.

De acuerdo con algunos, bitcoin es una burbuja y el precio debería deshacerse pronto.

Otros, hacen predicciones muy optimistas y se habla de usd 500.000 en varios años, o aún precio mayor a usd 3 millones.

Inclusive un paper publicado con el pseudónimo de Mr. Game and Watch que hace una proyección de su valor si fuera la moneda dominante en el mundo. Habla del bitcoin a usd 11 millones, aquí lo citaremos con más precisión.

En este libro revisaremos la opinión de unos y de otros. Recorreremos, sobre todo, los principales argumentos que nutren dichas opiniones.

¿Qué piensan los escépticos? ¿Qué debilidades concretas le ven al bitcoin? ¿Por qué consideran que ya no puede subir más?

Las cifras, los datos duros, los ejemplos históricos. Las burbujas anteriores, sus características y cómo reconocerlas.

Además, te presentaré una breve introducción a bitcoin que será, sobre todas las cosas, práctica y sencillla. Un pantallazo que te puede servir para entender mejor de qué se trata la cosa y para evitar que caigas en fraudes -que abundan en este submundo-.

Luego, una vez que se hayan presentado bien los argumentos con citas y con datos matemáticos y sólidos comprobables de las proyecciones, te daré los motivos por los cuales considero que todos se equivocan.

Se equivocan, sobre todo, los escépticos ya que sus argumentos no contemplan algunos factores que desvirtúan el enfoque que tienen del asunto. Pero, además, también se equivocan los optimistas en cuanto a que hacen una proyección demasiado racional de su adopción, y, por los fundamentos que te presentaré, verás que todo puede ocurrir, en verdad, muchísimo más rápido y de forma mucho más vertiginosa.

La subida de precio, en mi opinión, está próxima a dispararse para aumentar de manera dramática. Podremos ver un bitcoin a valor de 500.000 dólares o de 1 millón de dólares en tan solo unos pocos meses.

Hay elementos concretos de peso que están siendo ignorados y que harían que la aceleración de la subida se dispare y llegue a tener cifras absolutamente impensadas, rompiendo por lerdos a los pronósticos más optimistas.

Bienvenido a este mundo.

II- ACERCA DE MI

Este libro es el resultado de mi experiencia en criptomonedas Estoy en el tema hace unos años, y dada la velocidad en que esto está avanzando y, sobre todo, de lo que estudié sobre bitcoin y economía todos estos años, me considero en posición de poder decir algunas cosas.

Además, mi condición de autista me da una mirada distinta de muchas cosas. El autismo permite un grado de concentración inusual en algunos temas y, desde hace algunos años, este tema es mi pasión y lo vengo estudiando de manera personal como uno de esos intereses restringido que tenemos a veces los autistas.

Me explico, tengo un autismo de "alto funcionamiento" que quiere decir que no me impide hablar ni realizar muchas actividades en búsqueda de una mayor autonomía. Pero, además, esta condición a veces permite un enfoque no tan tenido en cuenta.

En lo que respecta al precio de bitcoin, coincido con los críticos porque los críticos prestan atención a la irracionalidad de los mercados. Y coincido con los optimistas, en tanto que los optimistas consideran lo que está avanzando la adopción en todos estos meses. Los optimistas suelen hacer una proyección en base a estos factores y, por eso, hablan de cifras de bitcoin a 500.000 dólares o a 1 millón de dólares en algunos años.

En cambio, en este libro te daré mi enfoque. Están dadas las condiciones para que el precio avance a usd 1 millón de dólares en muchísimo menos tiempo, en meses. Ello porque las características del activo –global- junto con la irracionalidad que pueden tener los mercados en momentos de suba, harán que todo se precipite de forma muchísimo más pronunciada que la pensada por todos los pronósticos.

Considera desde donde te hablo. Y toma o deja mis argumentos, pero primero…. ¡escúchalos!.

III- LA IMPORTANCIA DE SALIR DE LA ZONA DE CONFORT.

Aquí tienes un libro sobre bitcoin y cryptomonedas, un libro sobre inversiones digitales exóticas.

Te introducirá a un sub-mundo que, posiblemente, te sacará de la zona de confort. Saldrás de lo que conoces y del tipo de conocimientos convencionales que se enseñan en las universidades y en las escuelas de negocios.

Eso quizá te va provocar cierta desconfianza, al salir del terreno conocido e ingresar a pasadizos infrecuentes. La buena noticia es que, por eso mismo, muy poca gente tiene este valor diferencial: conocer sobre este sub-mundo y animarse a introducirse.

"¿Cuál es la frase que resume como cambiar el mundo? ¡Siempre trabaja en algo descomfortablemente excitante!" Larry Page, co-fundador de Google

Diferenciarte de la manada es lo importante. A la mayoría de la gente todo esto de los activos digitales nuevos le parece raro, complejo y, entonces, escapan. Se refugian en la tranquilidad de lo conocido y palpable. Eso es una buena noticia. Según Steve Jobs, una de las reglas fundamentales del éxito es *"Ser diferente"*. Dice Jobs *" Piensa diferente. Somos muchos millones de personas en este mundo, marca la diferencia"*. Por eso, ante esta primera de rechazo y desconfianza que estos temas te generarán, date una oportunidad de seguir adelante e interesarte en conocerlos.

La desconfianza igual es sana. Como será explicado detalladamente en este libro, hay muchas trampas en este sub-mundo del bitcoin y de las inversiones digitales exóticas y altamente riesgosas. Entrar a estos terrenos puede hacerte rico y permitirte alcanzar la libertad financiera muy rápidamente –te lo demostraré con muchos ejemplos- y con solo algunos dólares de capital inicial. Pero entrar a este mundo sin precauciones puede exponerte a las numerosas estafas.

Por ello, si el tema te interesa (¡en hora buena!) no dejes de leer todo este libro para poder tomar las precauciones que ayudarán a evitar que los pícaros te roben.

Todo te será explicado para que lo puedas realizar, aún sin tener conocimientos previos.

Los cambios tecnológicos introducen cambios sociales y económicos tan vertiginosos y bruscos que cualquier persona, aún sin capital grande, pueden hacer las apuestas indicadas que le permitan alcanzar la libertad financiera.

Estamos en la era del conocimiento.

Pero no se trata de cualquier conocimiento. No se trata de lo que te enseñan en el sistema formal, preparado para formar hombres y mujeres listos para salir a la sociedad industrial del siglo XX. La mayoría de los conocimientos que desparrama el sistema de educación formal son obsoletos.

Para que un determinado conocimiento entre en el sistema de educación formal debe pasar por determinadas instancias políticas y grupos de decisión. Este filtro hace que los conocimientos viejos lleguen a ser enseñados y los nuevos tarden en formalizarse. Mientras tanto, la época cambia y los conocimientos relevantes no te los enseñan en la universidad ni en la escuela.

La decisión de no ser estructurado y escapar del rebaño y de los caminos tradicionales exige también acercarte a los conocimientos exóticos, que no están siendo enseñados hoy en las escuelas ni en las universidades.

Aquí tienes un libro sobre ese tipo de conocimientos exóticos.

¿Estás realmente preparado para ingresar en este mundo?

IV- CONCEPTOS GENERALES SOBRE INVERSIONES DE ALTO RIESGO.

"Cuando era muy pequeño, quizá 12 años, comencé a hacer inversiones" Carlos Slim, empresario mexicano.

- INVERTIR NO ES AHORRAR. INVERTIR ES TOMAR RIESGO.

Es importante advertir que *"Invertir no es ahorrar"*, sino que invertir es esperar una ganancia del capital invertido y asumir un riesgo.

"Hoy día, las personas guardan dinero suficiente para sentirse cómodas. No deberían. Han optado por un terrible activo a largo plazo, uno que virtualmente no paga nada y es seguro que pierda su valor" Warren Buffet, inversor norteamericano.

Debido a que la inmensa mayoría de la gente siente aversión natural al riesgo, quien está dispuesto a tomar riesgos realiza un esfuerzo que le justifica la retribución inmensa que puede darle el mercado si apuntó a la dirección indicada.

Una persona común tiene inmensa aversión al riesgo y a lo desconocido. Por lo tanto, el mundo de las inversiones de riesgo está afuera del alcance de la gran multitud de las personas. Quien da un paso más allá y quiere asumir riesgos se diferencia muchísimo y estas personas son muy necesarias para el mercado, porque son visionarios cuyo capital es lo que permite justificar la innovación y permitir el desarrollo de la economía.

Por lo tanto, tenemos que el miedo al riesgo es común a la mayoría de la gente y, por eso, no está al alcance de todos la posibilidad de alcanzar la libertad financiera.

- NO ES NECESARIO NI CONVENIENTE ARRIESGAR TODO EL CAPITAL.

Mientras que en las inversiones que se consideran de bajo riesgo, es común que se arriesgue un gran capital –ya que son activos sin volatilidad y requieren una gran inversión para obtener una diferencia-, en las inversiones altamente riesgosas, en cambio, no es necesario apostar un gran capital.

Todo lo contrario: lo que tienen en común todas estas inversiones exóticas en bienes digitales y altamente riesgosos es que no requieren un gran capital y que, además, es injustificado destinar en ellas todos nuestros ahorros.

Bastará acertar con un poco capital para que las ganancias (que pueden llegar hasta ser 1000 veces lo invertido) sean de todas maneras suficientes para darte la libertad financiera. En cambio, arriesgar todos tus ahorros es, desde todo punto de vista, desaconsejable dada la posibilidad alta de que lo pierdas todo.

Un asalariado de clase media que busca la libertad financiera, haría bien en capacitarse en el rubro y luego invertir el 10% (diez por ciento) de todos sus ahorros en inversiones altamente riesgosas digitales.

Si los cambios tecnológicos de la revolución informática determinan que alguna de esas inversiones le dejen una ganancia 1000 veces mayor, entonces alcanzará esa baja inversión para darle la libertad financiera. Si la apuesta es errada, de todas maneras no habrá perdido todo su capital.

"Quien se conforme con ganancias seguras, difícilmente llegará a amasar grandes riquezas, quien lo fíe todo a grandes aventuras, frecuentemente quebrará y caerá en la pobreza: es bueno, por lo tanto, proteger las aventuras con los frutos de la certidumbre para que puedan soportar las pérdidas" Sir Francis Bacon

-- RULETAS INVERTIDAS.-

Como se vio, las inversiones riesgosas son las cumplen las características: a) exóticas b) se realizan cuando no hay optimismo en el mercado c) tienen un potencial intrínseco.

Pero… ¿Qué es el potencial intrínseco? Está relacionado con la posibilidad de que el activo represente un cambio social que de resultados a la gente para solucionar problemas concretos. Está vinculado a tener la capacidad de visualizar el futuro y estudiar si el activo en cuestión puede crecer y convertirse en una herramienta que satisfaga una necesidad del mercado.

Hay que tener en cuenta que el mercado es muy amplio. Las necesidades también lo son. Si pensamos en las obras de arte, el valor de algunos cuadros demuestra que el gusto y la elegancia es suficiente para justificar el valor.

Cuando hablamos de inversiones exóticas y altamente riesgosas, se trata de ir hacia el riesgo a consciencia, pero actuando igual con inteligencia.

Pienso en el casino, pero no en el Casino tradicional.

En el Casino tradicional la matemática juega en contra del jugador. Por ejemplo, en una ruleta si se acierta un pleno, te pagarán 35 veces la apuesta, cuando hay 37 números, contando el 0. Por lo tanto, jugar a la ruleta no solamente es una inversión de riesgo, sino también una pésima inversión. Tiene la sana diversión del riesgo y eso es bueno, pero haciendo un cálculo de probabilidad se advierte que es una pésima decisión.

Sin embargo… ¿Qué tal si encontraras una ruleta que paga el pleno 300 veces? Entonces pondrías un billete en cada número y, aunque pierdas todos los otros, perderías 35 billetes, pero el que aciertes te pagaría 300. O sea: poniendo un pleno en cada número habría una excelente inversión.

De eso se trata las inversiones inteligentes riesgosas. Aunque tienen un riesgo alto, cuando el potencial de retorno es muy superior al riesgo, se justifica porque bastará que aciertes con alguna de ellas para duplicar las pérdidas de todas las demás.

Sin embargo, supongamos que el Casino imaginario que te digo que paga 300 veces el pleno no te dejara poner un billete en cada número.

En ese caso tendrías esto que te quiero mostrar: una inversión de altísimo riesgo, pero una excelente inversión. Si jugaras un pleno, la probabilidad de ganar sería de 1/36 y lo más probable sería perder… pero aún así, sería una excelente inversión. Porque si ganas te pagará 300 veces. Entonces si vieras una ruleta así, aunque no te dejen jugar a todos los números al mismo tiempo, deberías quedarte toda la noche jugando.

El Casino no funciona así porque está pensando para que el Casino gane y los jugadores pierdan. Pero el mundo de las inversiones si funciona así.

Está lleno de Casinos que pagan 300 veces el pleno o que pagan 10.000 veces el pleno. Algunos de ellos, te pagan 1000 veces el pleno (el activo multiplica su valor) y, si pierdes, te devuelven la ficha (el activo mantiene el valor)

Justamente la mayoría tienen una inmensa aversión al riesgo. Por eso, como son ignorados por la masa es que hay tantas oportunidades. En el mundo de las inversiones está repleto de estos Casinos y… ¡hay que ir a jugar!

Seguramente a Getty –que le encantaba el riesgo del juego del dinero- esta época le hubiera parecido fascinante. Hay tantos cambios que hay oportunidades fabulosas y amenazas gravísimas todo el tiempo. Y estas oportunidades de inversión –ruletas que pagan veinte mil veces el pleno- están por todas partes.

Me gusta el concepto "ruleta invertida", porque sigue siendo azar y riesgosa, y la mayoría de la gente huye del riesgo. Por eso, las oportunidades más riesgosas son las mejores, pero para eso, el inversor debe estudiar el tema y saber que, efectivamente, hay un potencial que puede desplegarse que justifica el riesgo

BITCOIN es una de estas *"Ruletas Invertidas"*. La metáfora de la Ruleta muestra el escenario completo. Quienes dicen "Peligro, es una burbuja" dan una descripción parcial; aciertan en que es muy riesgoso invertir en BITCOIN pero se equivocan en cuanto a que no describen bien su potencial. Aquellos otros que dicen "esto es una revolución, bitcoin es el futuro" tampoco ven el riesgo que están asumiendo que es concreto y es real. Solamente considerando que se asume un riesgo alto -de pérdida incluso de todo el capital- pero aún así se invierte por el potencial de crecimiento -muy superior al riesgo, capaz de cambiarle la vida a una persona- se hace una descripción mejor de BITCOIN como inversión.

V- QUE ES EL BITCOIN. COMO FUNCIONA. QUIEN LO RESPALDA. COMO COMPRAR BITCOINS.

Primero de todo, es importante aclarar que bitcoin no lo respalda nadie. Vale porque la gente que lo usa lo reclama y porque su emisión es limitada.

Es una moneda digital descentralizada que no tiene ninguna entidad que la gobierne, sino que consiste en una comunidad de usuarios. Está asentada sobre la blockchain que funciona como un gran libro contable visible para todos los usuarios donde cuando un usuario pierde saldo en bitcoins, otro usuario lo gana.

Bitcoin no está respaldada por ningún gobierno ni depende de una autoridad central.

Es una criptomoneda, porque se basa en la criptografía. Funciona con un sistema de claves públicas y claves privadas.

Los bitcoines contienen la dirección pública de su dueño. Cuando un usuario A transfiere algo a un usuario B, A entrega la propiedad agregando la clave pública de B y después firmando con su clave privada. A entonces incluye esos bitcoins en una transacción, y la difunde a los nodos de la red P2P a los que está conectado.

Estos nodos validan las firmas criptográficas y el valor de la transacción antes de aceptarla y retransmitirla. Este procedimiento propaga la transacción de manera indefinida hasta alcanzar a todos los nodos de la red P2P.

El creador de Bitcoin es un pseudónimo llamado Satoshi Nakamoto. Su identidad real nunca se llegó a conocer. Hay quienes especulan que se trata de un grupo de usuarios. Hubo otros que se atribuyeron ser el famoso "satoshi", pero no dieron pruebas claras de sus dichos.

- UN GRAN LIBRO CONTABLE EN EL CENTRO DE UNA COMUNIDAD DE USUARIOS DESCENTRALIZADA.

Para entender cómo funciona bitcoin se lo puede comparar con un gran libro contable.

Supongamos que vivimos en una sociedad donde no hay dinero, pero sí existe gran libro donde se anotan todas las operaciones que ocurren en cada momento.

Por ejemplo, hiciste un trabajo para alguien y es evidente que, por la contribución, debes tener derecho a participar de alguna manera, del producto social. Entonces vas al libro y escribes lo que te pagan por eso, que solamente es la deuda. Luego, vas al supermercado a gastar, entonces vas al libro contable y destinas ese saldo que pasa a estar a nombre del supermercado, a cambio de los productos.

Ese gran libro, contendría la evidencia, entonces, de todas las operaciones que se han efectuado en la sociedad, desde que existe el registro; sería, en cierto sentido, una cadena de operaciones eslabonadas en un orden particular.

BITCOIN funciona de manera parecida. El libro contable es la tecnología del blockchain y en esa tecnología estan todas las operaciones de transferencias de bitcoin, cuando una persona transfiere bitcoins a la otra entonces la operación queda inscripta en el libro contable.

Los "bitcoins" entonces siempre estan en internet, son una porción de dinero virtual dentro de la red bitcoin. Lo que tiene el poseedor o propietario es "la clave" para poder trasladarlos de un lado al otro, al ser el único que tiene la clave entonces por eso es el dueño.

-VI- PRINCIPIOS FUNDAMENTALES DE BITCOIN.

21 millones: la cantidad de unidades nunca podrá exceder los 21 millones de bitcoines. A diferencia de las monedas fiat (emitidas por los estados nacionales) que tienen desborda su emisión, bitcoin tiene límites a su emisión.

Sin censura: nadie puede prohibir o censurar transacciones válidas.

Código abierto: el código fuente de Bitcoin siempre debe ser accesible para todos.

Sin permiso: nadie puede impedir la participación en la red.

Seudoanónimo: no se requiere identificación para participar en la red Bitcoin.

Permutable: cada unidad es intercambiable.

Pagos irreversibles: las transacciones confirmadas no pueden ser modificadas ni eliminadas. La historia es imborrable.

- PARA OPERAR CON EL BITCOIN NECESITAS UNA WALLET (BILLETERA).

Necesitas un software que se llama "Billetera de bitcoin" y que sirve para administrar técnicamente estas claves privadas y permitirte recibir dinero o enviar dinero. Este software o aplicación la puedes instalar en tu computadora o en el celular, o puede ser por Harware.

De las billeteras que son aplicaciones es recomendable Copay (se puede bajar gratis en Copay) y en Hardware Wallet el Trezor (se compra en https://trezor.io o en Amazon y te pueden enviar el paquete a tu casa).

El Trezor tiene la seguridad de ser tener la clave privada aislada del internet y de la computadora. Lo puedes usar conectándolo a una computadora llena de virus, keyloggers (programas malignos de computación para guardar contraseñas, cuando escribes una contraseña el programa se la envia al hacker), troyanos y etc… aun así, el Trezor te protegerá porque la clave privada está aislada de la computadora y de internet.

El Trezor tiene un botón físico y todas las operaciones importantes requieren presionar dicho botón con la mano. Esto asegura que ningún hacker te lo pueda manejar a distancia.

De todas maneras, para empezar, basta con instalar de manera gratis COPAY en la computadora y ya podes empezar a tener el control total de tus propios bitcoins.

COPAY te indica la dirección de bitcoin a donde te deben enviar los bitcoins si te quieren transferir y, sobre COPAY, puedes usarlo para enviar tus bitcoins a donde lo decidas (y así pagar servicios).

- COMO COMPRAR BITCOINS.

Comprar bitcoins es muy sencillo. Tan solo debes inscribirte en una empresa que brinda este servicio (en Argentina, puede ser Ripio.com o satoshi tango) y luego puedes enviar dinero allí por transferencia bancaria o comprarlos en un kiosco con servicios como pago fácil.

Al pagar el dinero, ellos te acreditaran en tu cuenta en la empresa tu saldo en bitcoins. Desde allí puedes enviarlos luego a tu billetera privada (como Copay) o dejarlos en custodia de estos terceros (confiar en un Banco de Bitcoins).

Además, puedes comprarlos de manera privada con un propietario de bitcoins. En este último caso, el titular de los bitcoins te pedirá la dirección de bitcoin de tu billetera (la puedes ver en la aplicación COPAY o en cualquier otra billetera) y te los enviará allí. Una vez transferidos, ya no podrán ser vueltos a transferir sin la clave privada la cual te pertenece y, por lo tanto, pasarás a ser el titular de los bitcoins.

Luego con la wallet vas a crear "cuentas", estas cuentas te permiten generar direcciones a las cuales te pueden enviar fondos y a la vez tendrás una clave privada con la cual acceder a los fondos de esa cuenta y autorizar movimientos salientes desde las mismas.

Los fondos NO ESTAN en la aplicación, los fondos están en la red de bitcoin registrados de manera distribuida en miles de nodos, no se puede apagar esta red de la misma manera que no se puede "apagar" internet. En tu aplicación (billetera) solo están las "llaves" para utilizar dichos fondos.

ADVERTENCIA: Se que esto parece difícil o chino básico. No obstante, es muy sencillo. No es necesario comprar 1 bitcoin, puedes empezar comprando centavos de bitcoins. Se recomienda empezar con poco dinero para probar las wallets, familiarizarte con el uso de la tecnología y, una vez con más conocimiento, comenzar a comprar cantidades para ahorrar.

- MINERIA DE BITCOINS

Mineria de bitcoins se le llama a una serie de operaciones complejas de computación que permiten crear nuevos bitcoins. Para decirlo de modo sencillo (porque este no es un libro de tecnología) la minería consiste en una serie de cálculos matemáticos realizados por potentes computadoras orientados a descifrar un código, cuando se descifra el código la red bitcoin paga con bitcoins a quien hizo la operación.

En los primeros años de bitcoin, cualquiera podía hacerlo con una computadora de su casa y obtenía una suficiente cantidad de bitcoins como para que sea rentable.

Actualmente, esto se ha profesionalizado. Se requieren costosas máquinas –con muchísimo poder de cómputo- y un importante consumo de electricidad para generar los bitcoins. Por lo tanto, no es rentable, en general, para un usuario casero y quienes realizan la minería son grandes pools mineros con empresas muy grandes, sobre todo en áreas donde la electricidad está subsidiada. La mayoría de los mineros están actualmente están en China.

Se pueden comprar máquinas para minar bitcoins, pero la rentabilidad de estas máquinas –contando el costo de la electricidad- usualmente no permitirá recuperar el costo de la inversión. La red se ha profesionalizado mucho y ya no está este negocio al alcance de particulares.

Un punto importante es que la tecnología bitcoin tiene limitada la emisión. A diferencia de las monedas que emiten los estados (en la jerga moneda "fiat") que puede ser ilimitada –un estado emite para pagar sus gastos corrientes, generando inflación-, la plataforma tecnológica bitcoin tiene limitada la emisión.

En cada HALVING la emisión –lo que obtienen los mineros con cada éxito de sus operaciones de minería- la emisión se reduce a la mitad. Al reducirse a la mitad la emisión, esto genera un efecto deflacionario muy fuerte que tiende a presionar al bitcoin hacia la suba.

El primer halving fue en el año 2012. Entonces el BITCOIN oscilaba alrededor de los 12 dólares o 9 dólares, algunos meses 6 dólares. En el año 2013, un año después de aquello, el BITCOIN llegó a valer más de 1100 dólares (mil cien dólares). Luego, tras la caída de una de las principales páginas de operaciones de bitcoin (MG GOX), llegó a caer hasta el valor de 200 dólares.

El segundo halving fue en el año 2016, en Junio. La emisión se redujo otra vez a la mitad. Empezó el año 2016 valiendo alrededor de 400 dólares el bitcoin, pero, con la cercanía del halving, llegó a subir a 700 en Junio de 2016. Ya en Junio de 2017, el valor está en 2200 dólares. Esto demuestra que, otra vez, el halving presionó el valor a la suba.

- ESTAFAS AL COMPRAR O VENDER BITCOINS.

Hay que tener mucho cuidado en comprar o vender bitcoins a desconocidos que se encuentran en los grupos de facebooks para realizar este tipo de operaciones de forma privada.

Debe considerarse que las operaciones de bitcoins son irreversibles. Por lo tanto, el que está más expuesto es el que vende los bitcoins, ya que puede ocurrirle que nunca le realicen el pago prometido.

Son muy frecuentes las estafas. Resulta por eso más seguro recurrir a empresas conocidas y bien establecidas que se dedican a la venta de bitcoins. De todas maneras, si se toman las precauciones adecuadas, se puede comprar o vender personalmente

Las formas más comunes de estafas son:

a) Estafa Triangular.

El vendedor de los bitcoins se hace pasar por un tercero, cambiando su nombre de usuario en los emails o en las redes sociales. Puede hacerlo fácilmente robando las fotos de dicho tercero, tomándolas de twitter o de facebook.

Luego te da los datos bancarios de ese mismo tercero para que le hagas una transferencia a cambio de los bitcoins que te promete te venderá. Los datos son genuinos y te da confianza verlos y que tenga una cuenta bancaria y un documento y un CBU. No obstante, una vez que le transfieres el dinero al tercero víctima, el estafador llama a este mismo tercero, le dice que el dinero se lo envió el mismo y le compra algún tipo de producto (por ejemplo, celulares).

Entonces, en este ejemplo, el tercero al que le diste tu dinero le dio al estafador un producto, haciéndose pasar tu pago como si fuera el suyo. Los bitcoins nunca te los transfiere y desaparece y lo único que tienes es una cuenta que es de un tercero que también resultó engañado.

Precauciones para evitar la estafa triangular: NUNCA ENVIAR DINERO A QUIEN NO SE CONFIA, PEDIR FOTOS FIRMADAS, PREFERIBLEMENTE HACER LA OPERACIÓN PERSONALMENTE.

b) Estafa con el email adulterado

Los bancos, cuando se te envía una transferencia bancaria, suelen enviarte un correo electrónico que confirma la operación.

El estafador puede adulterar este correo electrónico para hacerte creer que te transfirió el dinero. Entonces, te confias, y le envias el bitcoin, pero el dinero nunca llega.

c) Incumplimiento de lo prometido

Esto pasa simplemente cuando te prometen enviarte bitcoin luego del pago de un determinado dinero a una cuenta, pero, una vez que realizas el pago, la transferencia de bitcoins nunca se concreta.

- ESTAFAS PIRAMIDALES. ESQUEMA PONZI

En el mundo de BITCOIN así como de otras criptomonedas abundan esta forma de estafas.

Se las reconoce porque son sitios que te prometen duplicar o aumentar tu "inversión" en bitcoin en ellos. Les depositas tus bitcoins y ellos te prometen darte más bitcoins. Pero, luego, el sitio o página web se desmantela, y nunca recuperas la inversión.

Una de las particularidades típicas de estos esquemas Ponzi es que exigen que les envíes "referidos". Los referidos son nuevas víctimas que deben "invertir" su dinero en el Ponzi y, a cambio de ellos, los estafadores te hacen un pago. Claro que un día no se pueden conseguir más referidos y los últimos en entrar nunca recuperan nada de su capital.

Hay que tener en cuenta esto: **ni en bitcoin ni en ninguna moneda digital legítima el valor depende de que inviertas algo al inicio y consigas referidos, siempre que encontramos un esquema así estamos con una estafa piramidal.**

Muchas veces a las estafas piramidales les dan el nombre de "marketing multi-nivel" (o también "Network marketing" o "red de mercadeo"), pero son eso: estafas, los últimos en entrar nunca van a recuperar su dinero y, si llegas a ganar algo, será a costa de estafar y de robar a otros.

En caso de que tengas un amigo que te invite a "invertir" en uno de estos Ponzi puedes decirle: *"Te estafaron, aceptá tu pérdida, pero no trates de estafar a otros"*.

Dentro de este sub-mundo de las criptomonedas, pululan los Ponzi, que desprestigian gravemente al bitcoin y a todas las monedas digitales. Hay incluso monedas digitales que son Ponzi (estafas piramidales) como ONECOIN. En el caso de ONECOIN, te exigen tu dinero en BITCOIN (por lo tanto, pretenden que les creas que su moneda revolucionará el mundo, pero quieren que les des tus bitcoins, ni ellos creen en su moneda).

Otra de las estafas piramidales que se hizo conocida fue "Bitcoin Cash" en Bolivia. La promesa de Bitcoin Cash era "triplicar su dinero en menos de dos meses". La empresa ofrecía multiplicar en poco tiempo el dinero de las personas mediante supuestas inversiones en Bitcoin, minería en el exterior o compra y venta de divisa. Luego de que depositaron el dinero, la página desapareció y nunca se recuperó.

Hay muchos otros de estos esquemas que prometen ganancias fabulosas pero en los que nunca se recupera el dinero (salvo que se consiga nueva gente para que caigan en la trampa).

La mayoría de los esquemas piramidales son estafas donde hay un producto que promete ciertas cosas pero que a nadie le importa, sino más bien que las únicas ventas se hacen empujadas por ese objetivo de ingresar más y más gente. El que logra meter nueva gente que gaste su dinero en el Ponzi recibe un pago y los últimos en entrar nunca recuperan su dinero.

ATENCION: Si prometen multiplicar los bitcoins, si exigen "referidos" para poder "devolver la inversión", si prometen ganancias excesivamente altas y sospechosas mejor no entrar y evitar este tipo de estafas. Invertir en bitcoins no requiere confiar en ninguna de estas empresas, se puede comprar los bitcoins y simplemente atesorarlos.

- LA DIFERENCIA ENTRE DEJAR TU DINERO EN UN "BANCO DE BITCOINS" Y TENERLO TU MISMO

Muchas páginas de trading o de compraventa de bitcoins te brindan el servicio de custodiar tus bitcoins.

Al tener un usuario y contraseña, puedes entrar y manejar los bitcoins desde esa página. Ellos se encargan de la seguridad.

Pero…¿Qué pasa? Si un día la empresa quiebra, o desaparece, a tus bitcoins nunca más los podrás ver. Este lamentable resultado lo vivieron muchísimos usuarios de bitcoins, cuando páginas conocidas, "serias" y prestigiosas cerraron y nadie nunca más recuperó sus bitcoins.

Muchas veces la excusa es un hackeo, pero la verdad es que no te devuelven tus bitcoins.

Hay empresas de trading y de compraventa de bitcoin muy grandes y muy serias como BITFINEX o POLONIEX. No obstante, nada te garantiza que un día el dueño no quiera llevarse tus bitcoins allí depositados, cerrar la página y ya entonces no los verás nunca más.

Quizá el caso más conocido de esta tragedia fue MT GOX.

Mt. Gox, fue la mayor casa de cambio de bitcoins de Japón, entró en bancarrota en el año 2014 tras un "hackeo" (¿o auto-hackeo?) que explotó una vulnerabilidad de su sistema. Su CEO, Karpeles pidió disculpas, dijo que Bitcoin seguirá creciendo y que la industria del bitcoin se encuentra en buena forma.

En Mt GOX se perdieron más de 750.000 bitcoins, pertenecientes a sus usuarios. Y sus usuarios jamás recuperaron los bitcoins.

Como moraleja de este y de muchos otros casos parecidos, el consejo es que no se debe confiar en los "bancos de bitcoins" (dejar que los "cuide" otro), sino que es mejor guardarlos uno mismo.

Esto último se realiza cuando se baja una Wallet o Billetera Electrónica y se guardan los bitcoins en dicha wallet, manteniendo el absoluto control sobre ellos.

-LAS BILLETERAS DE PAPEL.

La Paper Wallet o Billetera de Papel tiene la ventaja de que las claves están en un papel y siempre afuera de internet. De este modo, se evita que un hacker pueda robar los bitcoins.

La billetera de papel tiene la clave impresa en papel y, cuando se quieren usar esos bitcoins, solo se tiene que scannear esa clave. Pero sin scannearla quedan completamente afuera de internet, para mayor seguridad del propietario de los bitcoins.

Las carteras Papel pueden tener cualquier diseño que queramos. Recientemente se han popularizado diseños que se asemejan a billetes. Solo el poseedor podrá gastar los fondos guardados en él. También permite la posibilidad de dar o regalar ese dinero a otra persona simplemente entregándosela en mano.

Una vez que tenemos nuestra CarteraPapel, con nuestro smartphone y una aplicación bitcoin escaneamos el código QR. Si es el correspondiente a la clave pública, podremos añadir fondos y ver su saldo. Si es el correspondiente a la clave privada, podremos retirar los fondos.

Con las carteras de papel hay que tener especial cuidado, pues el día de mañana puede tener un extraordinario valor la cantidad de BTC que contiene.

Una vez que se ha importado la clave privada a una cartera (scaneando la billetera de papel), se pasa la TOTALIDAD del saldo a una nueva dirección tomando, así, posesión de los bitcoines. La dirección "fría" pasa, entonces, a ser "caliente" y ya no es seguro utilizarla para ahorros futuros. Se tiene que enviar los ahorros que no se quieran gastar a una nueva dirección.

Para minimizar el riesgo en el momento de la carga de la clave privada, es recomendable repartir los ahorros en bitcoines en varias direcciones. Por ejemplo, si se tiene 100 BTC ahorrados, en lugar de guardarlos todos en la misma dirección, es mejor crear 5 direcciones frías y hacer cinco pagos de 20 BTC a cada dirección.

- COMO HACER UNA BILLETERA DE PAPEL CON LA IMPRESORA.

Siempre desconectado de Internet: esto garantiza que la herramienta de generación de claves privadas Bitcoin es realmente autocontenida y no requiere ningún tipo de transmisión de datos por la red.

Las claves privadas de las direcciones Papel:

_ Nunca se deben guardar en el disco duro del ordenador.

_ Nunca se debe escanear direcciones Papel en el equipo, excepto en el momento de su uso.

Para hacer una Billetera de Papel, puede ir a la página BLOCKCHAIN.INFO y allí encontrarás:

a) Un sencillo tutorial para generar una billetera de papel.

b) Un módulo para poder consultar en línea el saldo de las direcciones en el monedero de papel (de esta manera puedes corroborar que los bitcoins siguen en la billetera de papel).

-VII- EL PIZZA DAY PARTY.

Hace 7 años, un 22 de mayo de 2010, el programador Laszlo Hanyecz, de Jacksonville (Estados Unidos) realizó la primera transacción con bitcoins en el mundo real: compró, a otro usuario de BitcoinTalk, dos pizzas de Papa John's a cambio de 10.000 BTC.

Fue el primer intercambio comercial con bitcoins fuera de la web. En aquel momento, esa cantidad (10 mil bitcoins) equivalía a unos 30 dólares norteamericanos.

No obstante, cada año que pasa el negocio se vuelve mejor y mejor para Jeremy Sturdivant, quien aceptó los bitcoins a cambio de las pizzas. Hoy el bitcoin está a 10 mil dólares por moneda.

Por eso, dentro de la comunidad bitcoin se celebra el *pizza day party*, para conmemorar el primer objeto fuera del mundo digital que fue comprado con bitcoins.

-VIII- OPTIMISTAS SOBRE EL FUTURO DEL PRECIO DE BITCOIN

Antes de entrar a evaluar los fundamentos de los optimistas y los pesimistas, conviene hacer un repaso sobre los pronósticos de los grandes optimistas del bitcoin.

- Wenceslao Casares.

Según el empresario Wenceslao Casares, el cual es el dueño de la empresa bitcoinera XAPO.com (por ende, no es para nada imparcial), el Bitcoin valdrá más de quinientos mil dólares, en diez o cinco años.

Según Wencesalo Casares, la fórmula para ganar hacerse millonario con bitcoin es tomar el 1% de todo lo que ganas, colocarlo en bitcoin y olvidarlo por los próximos nueve años, idealmente la próxima década.

Si sale mal, perderás solo el 1% de lo que ganas, algo que toda persona puede hacer. En cambio, si sale bien, serías millonario en una década.

Según Casares, hay un 20% de probabilidades de que bitcoin vaya a valer 0 dólares. Si fracasa como moneda, no va a valer nada. En cambio, si triunfa, valdrá más de un millón de dólares. Según Casares, la chance de que valga más de un millón de dólares es del 50%.

Dice Casares que hay tres mitos sobre el dinero:

"*El primer mito es que el dinero nace del trueque, cuando en realidad nació de la necesidad de hacer un seguimiento y llevar un registro de las deudas.*

El segundo mito, y quizás el más grande, es que el dinero está respaldado por algo, cuando en realidad el dinero nunca ha estado respaldado por nada. El dinero es solo un libro mayor de contabilidad. Y la gente argumenta entonces que el dólar estaba respaldado por algo. Ahora mismo no está respaldado por nada, pero antes estuvo respaldado por el oro. Pero de ser así, esto implicaría que el oro está respaldado por algo o que tiene valor intrínseco, y la verdad es que el oro no tienen ningún valor intrínseco más allá de ser un fantástico libro mayor de contabilidad, más allá de ser muy escaso. Lo usamos para joyería, porque es muy escaso, porque representa la riqueza y el poder, pero no porque es bello y ésta es una equivocación muy común sobre el dinero. El dinero es únicamente un libro mayor de contabilidad, no está respaldado por nada.

El tercer mito es que el dinero existe porque es creado por el gobierno y porque es respaldado por el gobierno. Y la verdad es que el dinero ha existido mucho antes que los gobiernos existieran y que existirá mientras existan las interacciones sociales, ya que el dinero satisface una necesidad social muy básica."

- John Mc.Afee

JOHN MCAFEE

John McAfee es un programador estadounidense y fundador de Mcafee. Fue uno de los primeros en diseñar un software anti-virus y en desarrollar un scanner de virus informáticos.

Es un conocido empresario de internet y su fortuna supera los 100 millones de dólares.

Según McAfee, si bitcoin no llega a 500.000 dólares en apenas dos años desde el 2017, se comería su miembro en televisión. Recientemente, cambió su proyección y dijo que no se tratará de medio, sino de 1 millón de dólares lo que superará la criptomoneda en apenas 2 años.

De acuerdo a lo que observa McAffe, sólo se minará un total de 21 millones de monedas y que sólo hay 2 billones de personas trabajando en esto en el mundo, e indicó la siguiente tabla para calcular el valor final de cada moneda: (Promedio de productividad económica individual) x (número de personas productivas) ÷ (número total de monedas) = valor final del bitcoin.

Según este empresario, las criptomonedas son el futuro y son los autos, mientras que el dinero fiduciario que emiten los estados es equivalente al acaballo.

Por eso, exhorta: *"gente, vendan sus caballos"*.

- Jeremy Liew y Peter Smith

Jeremy Liew es un inversor angel que destaca por ser el primero en haber invertido en la popular red social SNAPCHAT.

Peter Smith es director y ceo de blockchain

En una presentación realizada a principios del año 2017 por ambos, afirmaron que bitcoin alcanzaría el valor de 500.000 dólares en el año 2030.

Sus argumentos se basan en:

a- Las remesas basadas en bitcoin.

Las transferencias de remesas, o transferencias electrónicas de dinero a países extranjeros, casi se han duplicado en los últimos 15 años hasta el 0,76% del PIB, según datos del Banco Mundial.

"*Los expatriados que envían dinero a casa han encontrado en el Bitcoin una alternativa barata, y asumimos que el porcentaje de remesas basadas en el Bitcoin aumentará drásticamente con una mayor conciencia del Bitcoin*", dicen los dos

b- Penetración móvil.

Los autores creen que el porcentaje de transacciones no monetarias subirá del 15% al 30% en los próximos 10 años a medida que el mundo se conecte más a través de teléfonos inteligentes.

Se prevé que el número total de usuarios de smartphones se eleve en 1.000 millones en 2020.

La mayor penetración de los celulares inteligentes producirá que todo el mundo tenga un banco en el bolsillo y ellos consideran que esto también proporcionará impulso a bitcoin.

c- Proyección de la subida.

Ellos hacen una proyección basada en las siguientes pautas:

1. Un precio del Bitcoin de $1.000 en 2017.

2- Que los usuarios de la red se multipliquen por 61 hasta 2030.

"Dicho de otra manera, necesitamos una población de usuarios de Bitcoin alrededor de un cuarto de la población china (o el 5% de la población mundial) en 2030 para ver al Bitcoin en 500.000 dólares. La red de usuarios del Bitcoin creció de 120.000 usuarios en 2013 a 6,5 millones de usuarios en 2017, o alrededor de 54x, y esto podría ser sólo el comienzo. Crecimiento de esa magnitud produciría 400 millones de usuarios en 2030".

3. El valor promedio del Bitcoin mantenido por los usuarios alcanza los 25.000 dólares. "*A medida que los inversor institucionales en efectivo en Bitcoin, los inversores sofisticados que negocian el Bitcoin, y los ETFs basados en el Bitcoin proliferan, creemos que el valor promedio del Bitcoin en carteras aumentará a alrededor de 25.000 dólares por titular de Bitcoin*", dijo Liew y Smith.

4. El límite de mercado del Bitcoin para 2030 se decide por el número de titulares de Bitcoin multiplicado por el valor promedio de Bitcoin mantenido.

5. La oferta de Bitcoin para 2030 será de unos 20 millones

-IX- PESIMISTAS Y CRITICOS CON EL BITCOIN.

- Jack Ma.

Jack Ma, es el emprendedor creador del gigante de comercio electrónico ALI BABA.

Es el hombre más rico de China. Sostuvo recientemente que muchas veces le preguntan por el bitcoin y que él se siente confundido y "no lo entiende", con la humildad que caracteriza al empresario chino.

Pero, además, sostuvo *"Bitcoin no es para mi"* y que ALI BABA no está proyectando aplicaciones basadas en Bitcoin. Además, evalúa que si Bitcoin llegara a triunfar como tal, se trastornaría todo el sistema económico internacional. Observa que, si acaso bitcoin funciona, todo el comercio de se trastocaría por completo.

- Warren Buffet.

Warren Buffet es uno de los inversores más reconocidos y más prestigiosos de Wall Street.

En el año 2014, Buffet aconsejó a los inversores mantenerse alejados de Bitcoin, al cual lo considera "un espejismo".

Recientemente, en una conferencia dictada en el año 2017, explicó que el precio de bitcoin ya está en zona burbuja.

- Jamie Dimon

Jamie Dimon, titular del JP. Morgan, unos de los banqueros más poderosos del mundo, considera que bitcoin es un *"fraude"* y que está montado sobre *"pura especulación"*.

Considera que las monedas tienen su sustento legal en los gobiernos. Por ello, explica, para controlar la moneda crean un Banco Central así se saben cuanto hay, quién la tiene y dónde está.

Considera que el precio alcanzado (entonces 3 mil dólares) no es real y consiste en una fiebre especuladora o manía del mercado.

Sostuvo que no dudaría un solo segundo en despedir a cualquier empleado que opere la criptomoneda en nombre del banco y que invertir en bitcoins es cosa de "estúpidos".

- Robert Shiller

Siller es un economista que obtuvo el Premio Nobel de Economía por sus importantes aportes a la ciencia económica.

Es autor del libro "Exuberancia irracional" lo que lo convierte en una verdadera autoridad para evaluar las manías de los mercados durante los períodos de euforia.

Según Siller, bitcoin es el ejemplo perfecto de una burbuja especulativa.

Schiller, experto en burbujas, se interesa por la parte psicológica que está detrás del fenómeno del auge del bitcoin.

El premio nobel explica que la gente tiene un profundo temor fundamental de digitalización e informatización. Como resultado, todos se preguntan constantemente qué sucederá dentro de 10, 20, 30 años, o si deberían seguir en sus trabajos.

Considera que los que compran bitcoin, se sienten incluidos y creen que pertenecen de alguna manera a "lo nuevo".

"De alguna manera, el bitcoin encaja en todo esto y da la impresión de que garantiza oportunidades y crea condiciones para una participación plena en la sociedad: '¡Entiendo lo

que está sucediendo! Siendo consciente de ello, puedo especular y puedo hacerme rico!"

Por todo ello, el autor advierte que el precio se puede desmoronar ya que tiene valores que no son racionales, sino que expresan la perfecta psicología de la burbuja especulativa.

- Jack Bogle

John Clifton "Jack" Bogle , legendario inversionista de Wall Street, aconseja a los inversores: *"aléjense de bitcoin, como de la plaga...¿Acaso no fui suficientemente claro?"*.

Boble explica que bitcoin no tiene retornos o utilidades como sí pasa con los bonos de deuda que pagan intereses o las acciones de las empresas que si los producen.

Afirma que no hay nada que sostenga bitcoin, salvo la idea de que lo podrás vender más caro de lo que lo compraste.

Sostiene que es "loco" invertir en el bitcoin. Dice que quizá bitcoin suba a 20.000 dólares, pero eso no probaría el error de su teoría, cuando vuelva a 100 dólares hablamos.

Bogle es uno de los inversionistas más reconocidos y exitosos de Wall Street, es el fundador del fondo de inversiones The Vanguard Group.

Bogle asimismo escribió el libro " *Common Sense on Mutual Funds: New Imperatives for the Intelligent Investor*" que se convirtió primero en un bestseller -en parte por la gran admiración que suscita como inversor- y luego en un clásico de las inversiones.

- Alan Greenspan.

Alan Greenspan es un reconocido economista norteamericano llegó a ser presidente de la Reserva Federal.

Según el autor, Bitcoin puede compararse con el llamado *"dinero continental"* que operó en los primeros tiempos de la revolución estadounidense.

Aquel dinero se usó durante la Revolución estadounidense a mediados del siglo XVIII. El dinero se introdujo en 1775 y dejó de tener valor en 1782.

Sostuvo que, al no estar respaldado por ningún Banco Central, el valor de bitcoin es irracional.

Reflexionó que muchas veces los seres humanos se ven atraídos por cosas que no tienen absolutamente ningún valor. Esto pasa en los casinos, donde las chances de perder son altas e igual la gente disfruta de ir a perder dinero allí, argumentó.

- Axel Weber. Banco Suizo.

Axel Weber, Presidente del Banco Suizo, sostuvo que el banco ha decidido institucionalmente no recomendar a sus clientes invertir en bitcoins.

"Hemos decidido que no recomendamos bitcoines como una inversión para nuestros clientes. Como banco, advertimos contra este producto porque no lo consideramos valioso ni sostenible" Axel Weber.

Weber ve un gran potencial en la tecnología blockchain, pero es escéptico respecto del precio de bitcoin.

- Martin Varsavsky.

Entre los pesimistas moderados, puede resaltarse la opinión del conocido emprendedor de la alta tecnología Martin Varsavsky,

En el año 2014 publicó lo siguiente:

"*Para mí, el Bitcoin es una moneda que si la tiras al aire en 2020, tendrás una cara valorada en 100.000 dólares y una cruz que valga cero. Si sale cara, Bitcoin para entonces se habrá convertido en un serio competidor para el oro y una auténtica moneda de cambio. Si vale cero, será porque o bien la gente habrá perdido el interés en la moneda digital o porque una mejor será más útil. El primer caso sería algo parecido a lo que pasó al comprar terrenos en Second Life, que en su momento se pensó que sería una buena forma de hacer dinero. El segundo como invertir en MySpace en vez de en Facebook.*"

Por otra parte, Varsavsky es muy critico con el hecho de que bitcoin consume mucha energía, resaltándose la posibilidad de que ello genere un problema ecológico.

-X- LAS MUERTES DE BITCOIN

En su historia, muchas veces distintos autores o autoridades, o medios de comunicación, han declarado *"la muerte de bitcoin"*. Ocurre cuando los medios o personas de autoridad dicen que, por x circunstancia, el proyecto ya fracasó y no tiene futuro.

El sitio 99bitcoins.com se dedica a recopilar todas las veces en que han declarado muerto al bitcoin.

Según informa, desde 2009 a 2012 bitcoin tuvo ocho anuncios de muerte. En 2013, Bitcoin tuvo anunciadas 14 muertes más. En otras ocasiones, la prensa, economistas o figuras de autoridad, han anunciado su muerte.

- Artículo en The Underground Economist

La primera muerte de bitcoin entonces ocurrió con un artículo publicado en el año 2010 titulado *"Por qué Bitcoin no puede ser una divisa"*.

De acuerdo a dicho trabajo, publicado cuando **bitcoin valía 0.23 centavos de dólar,** la única razón por la que se mantenía su precio era por la de ser una novedad.

El autor argumentaba que las monedas emitidas por los estados sirven para paliar ciclos deflacionarios o inflacionarios.

Eso no se vería con el bitcoin. Con el bitcoin, en un principio todos ahorrarían sin comprar nada, porque cuando no compran aumentan su valor. Pero un día, cuando aumente su valor lo suficiente, todos querrían vender su bitcoins al mismo tiempo, produciendo una hiperinflación y destruyendo su valor. Por lo tanto, son necesarias las monedas estatales que son las que permiten que los bancos centrales puedan prevenir estos desequilibrios de fuerte deflación o fuerte inflación.

La única razón por la cual se mantiene activo el bitcoin -argumento el autor- es por su novedad. Entonces valía 0.23 centavo de dólar.

- Artículo publicado en la Revista Forbes. 2011.

El 20 de junio de 2011, Forbes publicó un artículo escrito por Tim Worstall: *"So, That's the End of Bitcoin Then"*.

En ese entonces, un escándalo en el entonces exchange líder llamado Mt Gox, había hecho disminuir sensiblemente el valor de la moneda. Muchas cuentas habian sido hackeadas y el sitio transitoriamente habia suspendido su funcionamiento.

El precio estaba en usd 15 dólares y caería a 3 dólares.

Worstall argumentó que esto no necesariamente indicaba el fin del experimento bitcoin, pero era una muy buena señal de su final próximo.

Según el economista, el escándalo mostró que bitcoin no era seguro porque se podía hackear, además mostró que no funcionaba como moneda porque la cotización podía oscilar violentamente.

Una moneda, sostuvo, tiene que ser 1) medio de intercambio 2) un depósito de valor y si no es segura entonces no es un depósito de valor y si su valor oscila, entonces tampoco sirve como intercambio. Aquella moneda que no cumpla con estas funciones, no puede tener valor mucho tiempo argumentó Worstall declarando entonces la muerte de bitcoin en el año 2011 cuando 1 bitcoin se podía comprar por 15 dólares y cayó hasta 3 dólares por bitcoin.

Artículo publicado en Wall Street Daily.

En este artículo, publicado en el año 2013, se considera que creer que bitcoin puede ser una moneda alternativa, expresa una desesperación ante los problemas económicos mucho más que una moneda racional.

En este trabajo se resalta su volatilidad como característica incompatible para poder hacer una moneda nueva.

Artículo publicado en New York Magazine. 2013.

Un articulo del 10 de Abril de 2013, publicado por el autor Kevin Roose llamado *"The Bitcoin Apocalypse Is Nigh"* proclama nuevamente la muerte de bitcoin.

El autor cuenta que compro 1 bitcoin por el precio de 124 dólares una semana atrás, que luego lo vio subir a un pico de 250 usd por bitcoin y luego cayó de nuevo a 140 dólar tras ataques informáticos a los principales exchanges de bitcoin.

Con semejante volatilidad, argumenta, nunca podrá funcionar como moneda y su fracaso está asegurado.

Este articulo, escrito con un bitcoin a usd. 140, sostiene que los optimistas de bitcoin olvidan que la gente confía en el dólar porque el dólar es sostenido por la Reserva Federal, por un país y por reglamentaciones. En cambio, bitcoin no lo sostiene nadie y la gente que hoy confía podría mudar su confianza haciendo desaparecer su valor abruptamente.

En el colapso del 2008, la economía pudo sostenerse gracias a la intervención de los bancos centrales y sobrevivió, sostiene el autor. En cambio, bitcoin ante el colapso no podrá ser sostenido y desaparecerá.

Sentencia de muerte para bitcoin. 2016

Otra de las sentencias de muerte para bitcoin, más cercanas en el tiempo que registra el sitio 99bitcoins.com, fue realizada por David Yermack, jefe del departamento de finanzas de la Escuela de Negocios de Nueva York.

El autor, emitió dicha opinión en Marzo de 2016, con el bitcoin a usd 450 dólares. Opinó que demasiada gente está usando bitcoin y que el sistema pronto se vería colapsado, llevando a su fracaso.

Argumentó que el entonces inminente halving 2016 haría colapsar al bitcoin. Además, sostuvo que los gobiernos no podrían soportar a esta moneda no regulada ni emitida por ellos y todo lo que tendrían que hacer es prohibirla y ese sería el fin del bitcoin.

XI- PRINCIPALES ARGUMENTOS DE LOS CRITICOS Y PESIMISTAS DE BITCOIN

A continuación, se expondrán los principales argumentos que utilizan quienes son pesimistas con el precio de bitcoin y con el bitcoin en general.

- Los tulipanes en Holanda

Entre los críticos, abunda el argumento de que el precio se debe a una manía especulativa -un frenesí irracional, motivado por especulación-, una burbuja.

El ejemplo que se utiliza mucho es el de los tulipanes en Holanda.

Cultivados originariamente en el Imperio Otomano, los tulipanes se importaron a Holanda en el siglo dieciséis.

Cuando el botánico flamenco Carolus Clusius escribió el primer libro serio sobre tulipanes en 1592, su popularidad aumentó de tal manera que la gente entraba continuamente en su jardín para robar los bulbos.

La importancia de esta flor fue creciendo al mismo ritmo que lo hacía la Edad de Oro holandesa. A mediados del siglo diecisiete su popularidad era tal que provocaron la primera burbuja económica, conocida como *'tulipomanía'*. A medida que se adquirían más y más bulbos, su precio aumentó tanto que terminaron utilizándose como si fueran dinero.

Varios factores explican el origen de la tulipomanía neerlandesa. Por un lado, el éxito de la Compañía Neerlandesa de las Indias Orientales y la prosperidad comercial de los Países Bajos. Por otro, el gusto por las flores, especialmente las exóticas, que se convirtieron en objeto de ostentación y símbolo de riqueza.

A pesar de que se intentó controlar el proceso por el cual los tulipanes monocromos se convertían en multicolores, los horticultores holandeses no fueron capaces, de manera que lo aleatorio del exotismo contribuyó a elevar progresivamente el precio de cada bulbo. Las variedades más raras eran bautizadas con nombres de personajes ilustres y almirantes de prestigio.

En la década de los años veinte del siglo xvii el precio del tulipán comenzó a crecer a gran velocidad.

Se conservan registros de ventas absurdas: lujosas mansiones a cambio de un sólo bulbo, o flores vendidas a cambio del salario de quince años de un artesano bien pagado.

En 1623 un sólo bulbo podía llegar a valer 1000 florines: una persona normal en Holanda tenía unos ingresos medios anuales de 150 florines. Durante la década de 1630 parecía que el precio de los bulbos crecía ilimitadamente y todo el país invirtió cuanto tenía en el comercio especulativo de tulipanes. Los beneficios llegaron al 500 %.

En 1635 se vendieron 40 bulbos por 100 000 florines. A efectos de comparación, una tonelada de mantequilla costaba 100 florines, y ocho cerdos 240 florines.5 Un bulbo de tulipán llegó a ser vendido por el precio equivalente a 24 toneladas de trigo. El récord de venta lo batió el Semper Augustus: 6000 florines por un solo bulbo.

En 1636 se declaró una epidemia de peste bubónica que diezmó a la población neerlandesa. La falta de mano de obra multiplicó aún más los precios y se generó un irresistible mercado alcista. Tal fue la fiebre, que se creó un mercado de futuros, a partir de bulbos aún no recolectados

Los compradores se endeudaban y se hipotecaban para adquirir las flores. Llegó un momento en que ya no se intercambiaban bulbos sino que se efectuaba una auténtica especulación financiera mediante notas de crédito. Se publicaron extensos y bellos catálogos de ventas, y los tulipanes entraron en la bolsa de valores. Todas las clases sociales, desde la alta burguesía hasta los artesanos, se vieron implicados en el fenómeno.

No obstante, la fiebre compradora y "la gran burbuja de los tulipanes" iba a llegar a su fin.

El 5 de febrero de 1637, un lote de 99 tulipanes de gran rareza se vendió por 90 000 florines: fue la última gran venta de tulipanes.

Al día siguiente se puso a la venta un lote de medio kilo por 1250 florines sin encontrarse comprador. Entonces la burbuja estalló. Los precios comenzaron a caer en picado y no hubo manera de recuperar la inversión: todo el mundo vendía y nadie compraba. Se habían comprometido enormes deudas para comprar flores que ahora no valían nada. Las bancarrotas se sucedieron en escala dominó.

La falta de garantías de ese curioso mercado financiero, la imposibilidad de hacer frente a los contratos y el pánico llevaron a la economía neerlandesa a la quiebra.

Los tulipanes en Holanda, el ejemplo más conocido de una burbuja provocada por una fiebre compradora que un día revienta y deja a todos en la quiebra, son una de las comparaciones preferidas de los críticos de bitcoin.

Los críticos consideran que bitcoin es como el tulipán de aquel momento, algo exótico y objeto de una fiebre de especulación -impulsada por compradores que quieren vender más caro- y que llegará a su fin abruptamente, dejando a muchas personas en la quiebra.

- Estafa piramidal.

Los críticos más acérrimos de bitcoin lo comparan con un esquema piramidal. Los que ya compraron, necesitan que otros quieran comprar para, de esa manera, ganar dinero. Los últimos en irse van a ser los que sufran las pérdidas totales y garanticen la ganancia de los primeros o de los early adopters.

Según estos críticos, viene a ser una forma nueva del llamado "juego del avioncito" o de otros esquema ponzis, donde incentivar a más gente a entrar es la motivación de los actuales tenedores para poder ellos salir con ganancias, a costa de las pérdidas de los otros.

"No hay limitación de la oferta", competencia con nuevas criptomonedas.

Uno de los pilares del aumento del precio de bitcoin es que la cantidad de oferta se mantiene constante -y decrece la emisión con los llamados halvings- mientras que la demanda aumenta.

Por esta razón, los optimistas esperan una suba del precio.

No obstante, esta nueva clase de críticos argumentan que la limitación de la oferta no es tal ya que aparecen nuevas y nuevas criptomonedas.

Así el economista Agustin Etchebarne razona de la siguiente manera:

"El problema es que efectivamente la expansión del conocimiento y del uso del Bitcoin hizo crecer su demanda y su precio. Pero todo está basado en un mito. El mito es la limitación de la oferta de Bitcoins. Este mito ya está destruido, porque en realidad lo que uno tiene es una cryptomoneda, y lo que no tiene límites es la creación de las cryptomonedas. De modo que ahora las cryptomonedas compiten, esto hará que sean muy volátiles, porque la demanda puede fluctuar entre unas y otras, de acuerdo a modas que pueden ser muy pasajeras.

La especulación será intensa, hasta un momento en que colapsarán. El colapso se dará justo cuando el mercado de cryptomonedas llegue a su plenitud. En ese momento, los Estados tendrás sus propias cryptomonedas y pondrán trabas para la competencia de las cryptomonedas privadas. La demanda en algún punto colapsará y volverá a un lugar marginal".

Del mismo modo, el economista Miguel Angel Boggiano, tras citar a un coro de críticos acérrimos del bitcoin reflexiona:

"Sin dudas un coro de jóvenes de entre 20 y 40 años dirá que estos "dinosaurios" no entienden la revolución que implica el bitcoin. Pero a todos ellos les puedo decir:

#1. El argumento de que habrá un número limitado de bitcoins, ya no tiene validez porque surgen nuevas criptomonedas como hongos, lo que muestra además que hay un gran número de artistas del engaño (con artists) que aprovechan la manía para estafar.

#2. El hecho de que el bitcoin haya tenido ya varios forks (cambios técnicos en la registración de las operaciones en el blockchain), indica que sin duda aparecerá una moneda superadora. De hecho, la capacidad de procesamiento de operaciones que tiene bitcoin es ridículamente lenta y costosísima. Así como Google destronó a Yahoo!, probablemente una criptomoneda con mejor diseño, supere al bitcoin.

#3. El bajo costo de transferencia y de operación con el que comenzaron a operar las criptomonedas, hoy ya no es tal. Se ha vuelto caro operar y transferir. No sorprende entonces que Goldman Sachs no descarte poner un desk de criptomonedas: con el spread que existe, es increíblemente lucrativo ser intermediario en este mundo"

Como se ve, estos autores, al fijarse en las nuevas monedas que surgen tras los forks de bitcoin y las nuevas criptomonedas en general (como litecoin, ethereum, z-cash, monero, etc.) opinan que ya se destruyó la propiedad de la limitación de la oferta y con esto aseguran que caerá su precio.

XII- RESPUESTAS A LAS CRITICAS.

SOLO HAY LUGAR PARA UN LIDER. WINNERS TAKES ALL.

Según algunos críticos, pueden en el futuro coexistir cientos de criptomonedas aumentando la oferta hasta saturar la demanda y producir un colapso del precio. No son escasas las bitcoin, en tanto que hay cada vez más criptomonedas que compiten y la sobre-oferta es cada vez mayor porque cada vez surgen más y más criptomonedas.

No obstante, contrariamente a lo que dicen estos críticos, en el mercado globalizado se ve que no es cierto que pueden existir muchos productos ofertantes para la misma demanda.

Pensemos en una ciudad grande con 15 ferreterías. De las 15, todas venden los mismos productos, pero solamente una de ellas tiene precios menores que las otras 15. O sea, de las 15, solamente una debería ser elegida por los habitantes de esa ciudad si tomaran buenas decisiones como consumidores. No obstante, a los consumidores les pasa esto: 1) no tienen buena información 2) no tienen muy fuerte capacidad de elegir. En efecto, para tener buena información deberían recorrer toda la ciudad, anotar los precios de todos los productos y luego identificar a la mejor ferretería. La mayoría de los ciudadanos de esa ciudad no harán ese trabajo. Para tener buena capacidad de elegir, deberían recorrer toda la ciudad caminando cada vez que van a comprar un producto, pero ocurre que la mayoría tiene pereza de caminar tanto y eso debilita su capacidad de elegir por lo que les lleva a elegir la ferretería que está más cerca de su barrio. Por lo tanto, a pesar de que solamente 1 de las 15 ferreterías debería sobrevivir a la competencia, como los habitantes toman "malas decisiones" en la ciudad coexisten las 15 sin mayores problemas.

Esto no es lo que sucede en internet. En internet, las distancias desaparecen porque todos los ofertantes quedan a la distancia del click del mouse. En internet, por otra parte, la información para comparar el producto es excelente, hay muchísima información. Por eso, en el entorno globalizado e hiper-competitivo de internet no sobreviven las 15 ferreterías, sino que se da una regla característica de los productos digitales y que es "Winner takes all", el campeón se lo lleva todo.

Por ejemplo, veamos lo que pasa con los navegadores de internet.

Según los datos de la consultora NetMarket Share correspondientes a marzo 2017, Google supera con creces la mayoría absoluta en el mercado de navegadores online gracias al 58,64% que disfruta Chrome, casi tres veces más que el 18,95% de Internet Explorer o el 11,79% de Firefox. Muy lejos de los anteriores aparecen Microsoft Edge, con el 5,51% y Safari de Apple con el 3,37%.

Por lo tanto, en navegadores de internet tenemos un claro líder que tiene más del 50 por ciento de todo el mercado correspondiente a todos los países del mundo y, además, el mercado sigue siendo muy chico con respecto a los otros jugadores que también se cuentan con los dedos de la mano.

Con respecto a motores de búsqueda la participación de mercado del líder todavía es muchísimo más grande.

En el segmento de motores de búsqueda, Google también ostenta el dominio global, tanto en la categoría de escritorio como en el de dispositivos móviles. Entre los primeros, según Stat Counter, el buscador de Google dispone de una cuota del 92,31%, frente al 2,96 por ciento de Bing, el 2,2% de Yahoo y el 1,05% de Baidu.

Ahora veamos lo que sucede con respecto a sistemas operativos para computadoras.

Aquí la posición de dominio global pertenece a Microsoft con el 91.59% del mercado. Microsoft llegó primero, acaparó el mercado y, como se puede ver, en este mercado tan globalizado y tan competitivo de los productos informáticos no hay lugar para muchos: aparece un líder con el 91.5 de todo el mercado de todos los países del mundo.

Con respecto a las redes sociales, otra vez se observa lo mismo. A pesar de ser un mercado de cientos de millones de usuarios de redes sociales en todo el mundo (equivalente a una ciudad de cientos de millones de habitantes), solo hay lugar para un líder o tres o cuatro jugadores.

En el año 2017, la cantidad de usuarios activos mensuales de redes sociales contados en millones son 1900 millones Facebook (el líder), 1200 Watsap (el segundo), 1000 Youtube, 700 instagram, 540 Google +, 500 linkedin; 300 twitter.

Como se ve, no hay espacio para que haya cientos de redes sociales compitiendo unas con otras, sino que el mercado mundial se concentra en los líderes y Facebook tiene un claro liderazgo.

En lo que respecta a los dominios de internet, cabe destacar que el primero de ellos fue el famoso ".com".

El dominio ".com" constituye un buen ejemplo para comparar ya que es importante porque pegó primero en los medios y para toda la gente internet consistió en ".com". Luego como la extensión ".com" estaba saturada de registros, aparecieron otros dominios aleatorios para suplirla y competir tales como ".net", ".info", ".org", ".biz", etc.

Recientemente, la ICANN -la corporación que regula los nombres de dominio- abrió el registro y aparecieron cientos de extensiones. Tenemos los dominios ".pink", ".beer", ".berlin", ".black", ".news", ".wines", con la esperanza de que cada empresa ponga página web con el dominio relacionado con su actividad. Así, por ejemplo, los nuevos dominios .casino serían mejores para un sitio de juegos que un dominio ".com", o los nuevos dominios ".poker" serían geniales para un sitio de apuestas.

Al final, los expertos saben que usar nombres de dominio distintos a ".com" puede ser un fracaso. Sencillamente para el común de la gente internet es igual a ".com", y si tu página se llama ".xxxnuevodominio" entonces va a ser más fácil que se olviden del nombre del sitio y el mercado se sigue concentrando en el líder y el lìder es ".com".

Este predominio del líder por sobre los demás puede verse claramente en la cantidad de registros mundiales.

Según datos suministrados por Verising, en el primer cuatrimestre de 2017 los dominios de internet más registrados del mundo son:

.com ------------------------128.4 millones de dominios registrados.

.cn ------------------------------21.4 millones

.tk--------------------------------18.6 millones

.de---------------------------------16.2 millones

.net--------------------------------15.2 millones

.uk----------------------------------10.6 millones

.org   ----------------------------------10.4 millones

.ru--------------------------------------6.4 millones

En cuanto a las nuevas extensiones de dominio que surgieron a partir de que la ICANN abrió los requisitos y a que cientos de empresas hoy pueden administrar su propia extensión de dominio de internet, el más registrado es .xyz con 5.6 millones de registros.

Como se ve, a pesar de que hoy hay cientos de extensiones de dominio, los comerciantes que ponen una página web prefieren ir al líder y registran ".com" el cual tiene una abrumadora participación de mercado en detrimento de los otros dominios. Ello porque si bien puede ser exótico registrar un dominio con una peculiar extensión nueva, en la gran masa del público ".com" es el líder y al comerciante que pone un sitio en internet le conviene ser más accesible delante de su cliente.

Considero que lo mismo pasará con las criptomonedas. Habrá un líder con una participación del mercado mundial superior al 50% y, luego, entonces, vendrán otras criptomonedas más anómalas siendo que, entre el líder y las segundas, acapararán el 90% del mercado y el 10% restante será una multitud dispersa.

Por lo tanto, no se puede afirmar de ninguna manera que la emisión de "Otras" criptomonedas aumenta la oferta de bitcoins ya que no es lo mismo el líder que cualquier otra cosa diferente. Es como comparar el oro con el acero. Si, como pasa siempre en estos mercados informáticos, el mercado se concentra entonces los comerciantes van a aceptar a la moneda líder (bitcoin) y solo algunos de ellos aceptarán otras adicionales, siendo que resultará prácticamente imposible que los comerciantes se inclinen por monedas exóticas y que no usa nadie ya que ello iría contra sus propios intereses.

Es más: posiblemente la foto sea muy parecida a la actual de los dominios del año 2017. Observemos que, detrás de .com en número de registros, viene el dominio de China que es .cn y que los dominios de Alemania y del Reino Unido (.de y .uk respectivamente) tienen también un relevante protagonismo.

Muchos bitcoin haters aseguran que cuando lleguen las criptomonedas respaldadas por los estados nacionales, derrotarán al bitcoin. Observemos lo que pasa con los dominios: las mayores economías del mundo han impuesto sus propios dominios entre los más registrados (como pasa con .de alemán, o el .cn chino, o el .uk del Reino Unido), pero ni todos ellos juntos pueden hacerle la sombra al rey: .com llegó primero y es, en la cabeza de los millones de usuarios, sinónimo de internet. El usuario prefiere .com porque alude al mundo e internet es global, en cambio .de alude a Alemania, un mercado mucho más chico que el mundial. De la misma forma, aunque vengan las criptomonedas estatales respaldadas por los estados naconales, el consumidor va a preferir posicionarse en la moneda líder a cuya sombra nacieron las otras, porque el consumidor es mundial en tanto que el mercado de productos y servicios es mundial.

De la misma manera, podemos proyectar un escenario futuro de criptomonedas donde un líder tendrá más del 50% del mercado y, entre los segundos lugares, habrá también criptomonedas de países con economías muy importantes como pasa hoy con los dominios de "cn" (China), ".de" (Alemania) y ".uk" del Reino Unido que tienen una buena posición en los rankings de registros.

De ninguna manera resulta lógico, tal como hacen algunos críticos, proyectar que coexistirán cientos de monedas aumentando la oferta total y siendo todas iguales para la demanda; sino que lo esperable es que, como pasa en todos los productos informáticos, el mercado global se concentre en los líderes y que haya uno de ellos que ocupe más del 50% de todo el mercado mundial.

ANTECEDENTE. LA ESPECULACION CON DOMINIOS .MOBI

Es muy conocido el caso de lo que pasó con los dominios de internet .com En los inicios de internet, algunos pioneros tuvieron la visión de registrar palabras claves tales como "sex.com" o "baby.com" como dominio de internet. Como la internet es global, se convirtieron en los únicos autorizados a darle semejante a un sitio de internet. Cuando las empresas, años más tarde, se dieron cuenta del valor de estos activos, entonces estos pioneros -que habían invertido apenas decenas de dólares-pudieron revenderlos por millones.

El ejemplo cundió en los medios y se llenó de gente deseosa de poder imitarlos. Querían registrar cualquier dominio de internet con la esperanza de revenderlo un día y obtener gran riqueza.

Por esta razón, cuando la Icann fue dando lugar a las nuevas extensiones de dominio (.net, org., .mobi), se generó una gran expectativa en los especuladores que habían llegado tarde a registrar el ".com", para poder hacer el mismo negocio con nuevos dominios tales como .biz, .info, etc.

Cuando salieron los dominios .mobi, hubo una gran especulación y se decía que eran "el futuro" y que desplazarían a .com en el terreno de los teléfonos con internet. Así fue que muchos, que se lamentaban de no haber llegado temprano a comprar el ".com", creyeron que llegaba la oportunidad de registrar ".mobi" de palabras valiosas para luego revenderlos mucho más caro en un futuro.

Todos perdieron plata y les hubiera ido mejor si invertían en ".com". En efecto, en aquellas épocas los dominios .com de 4 palabras (combinadas de cualquier manera) valían en el mercado de reventa alrededor de 3.000 dólares y hoy valen alrededor de 80.000 dólares. En cambio, ellos pensaron que llegaba la oportunidad de los ".mobi" y que ".mobi" podría desplazar al líder, intentando emular a los early adopters de los ".com", pero simplemente perdieron muchísimo dinero.

Esta fiebre por el ".mobi" (que en su momento se decía que desplazaría al rey, a .com, debido a la llegada de la internet de los celulares) llegó a cúspide con las subastas iniciales de dominios .mobi La extensión .mobi subastó sus palabras clave en remates públicos y así el dominio games.mobi alcanzó un precio superior a 500.000 dólares, pagados por un especulador que pensaba que ".mobi" desplazaría a ".com".

En un hecho que daba esperanzas a los especuladores de ".mobi", entonces importantes marcas mundiales habían registrado su sitio ".mobi" lo que generaba la expectativa que un día

".mobi" sería más fuerte que ".com" dentro de la parte de internet que sería más poderosa: la entonces nueva internet de los teléfonos inteligentes.

En efecto, marcas como Fox News, BMW, Disney, Bank of America, Zagat, Hilton, entre otras, habían registrado su "mobi".

Esto generaba un sentimiento psicológico. El ingresante promedio al mundo de la especulación en dominios se sentía "mal" por no haber registrado su ".com" en los inicios de internet, y quería ser el "descubridor" de la nueva extensión de dominio del futuro. Claro, mientras tanto, dominios ".com" de tres letras se vendían a precios accesibles y representaban una inversión mucho más inteligente, pero la fiebre de ".mobi" (el dominio killer de ".com") los llevó a gastar cientos de miles de dólares en lo que -luego se demostró- eran porquerías sin valor.

Además, la gran propaganda sobre ".mobi" se vio respaldada cuando early adopters de dominios ".com" salieron a pujar en las subastas para comprar su nuevo dominio ".mobi" a precio exorbitante. Entonces el hecho de que personas líderes en la industria salieran a respaldar a ".mobi" daba más fuerza a la idea de que un día el futuro sería de los dominios ".mobi".

En la extensión de los dominios ".com" no hubo subastas al inicio. Por esta razón, los primeros en registrar palabras claves como "games.com" ganaron millones de dólares y pagaron solamente algunos pocos dólares. No obstante, como el mercado ya conocía esto, cuando salieron los proclamados dominios ".mobi", las palabras valiosas se salieron a remate público para deleite de los especuladores. Estos remates llegaron a un gran valor por el impacto de quienes especulaban que un día la extensión ".mobi" destronaría a ".com" y entonces ellos podrían ganar millones con la reventa.

Entre estos especuladores, sobresalió el caso Rick Schwartz. Este afamado inversor en dominios -que había ganado millones con la reventa de los .com- pujó en las subastas de .mobi bajo la convicción de que un día serían un éxito y así pujó por el dominio "flowers.mobi" pagando algunos cientos de miles de dólares.

Para justificar su inversión en dominios ".mobi", entonces Rick Schwartz dijo lo siguiente (texto del 18 de Noviembre de 2007).

"Lo voy a enfocar de un modo diferente. Suponed que hay 450 puestos de limonada en una calle y que yo quiero hacer negocios ahí. ¿Dónde empiezo? Algunos dirían que coja unos cuantos

limones y una tabla y que empiece a vender limonada. Yo diría, déjame centrarme en el zumo de uvas y te apuesto que venderé en un día más que la mayoría de los puestos de limonada en años."

Como se ve, el inversor apostaba a que un día los ".mobi" serían el futuro. Desde su perspectiva, los entonces dominios .com (que se vendían a millones) eran equivalente al sumo de limón y él no quería hacer lo mismo que los demás, sino que prefería sentirse "distinto" y apostar a lo que funcionaría en el futuro, el dominio ".mobi".

Obviamente es historia: mobi ni cerca está de hacerle la sombra a .com y todos los que pusieron dinero en aquella promesa perdieron miserablemente su inversión.

ETHEREUM Y LOS CONTRATOS INTELIGENTES. BITCOIN.

La criptomoneda Ethereum ofrece, como funcionalidad diferencial, la posibilidad de crear contratos inteligentes. Por ello, a su amparo ha ido proliferando todo un ecosistema de ICOS y de empresas que utilizan contratos inteligentes.

Esta aptitud diferencial es lo que la justifica como opción frente a bitcoin y lo que ha llevado a muchos a pronosticar que un día Ethereum desplazaría a Bitcoin.

No obstante, el avance en la tecnología Bitcoin también está brindando la misma posibilidad. En efecto, si bien en un principio la plataforma de Ethereum era más funcional para realizar y programar contratos inteligentes, ahora han salido nuevas aplicaciones que permiten desarrollar el mismo potencial desde bitcoin.

Aunque entrar en este tema resulta muy complejo en lo técnico, debe destacarse por ejemplo la plataforma Counterparty que nace en el año 2014 y que abre la posibilidad de realizar contratos inteligentes desde la red bitcoin y prescindiendo de Ethereum. Recientemente, se ha confirmado que se va a introducir dentro de la Counterparty el EVM de Ethereum por lo cual ya no habrá más esa diferencia técnica de Ethereum sobre bitcoin para establecer contratos inteligentes.

Además, hay otras plataformas intentando mejorar el bitcoin para darle la posibilidad de avanzar en el terreno de los contratos inteligentes. Puede mencionarse el caso de Rootstock, conocido por ser el Ethereum de bitcoin, y que permite desarrollar contratos inteligentes con tantas posibilidades como las que da la red Ethereum, pero con el añadido de hacerlos desde la red más segura del mundo -la red con mayor poder de cómputo del mundo- que es la red bitcoin.

Esta discusión hace recordar la que se daba entre los "fans" de los dominios ".mobi" y los defensores del rey ".com" a fines del año 2007.

Quienes pregonaban que el futuro de internet eran los dominios ".mobi" decían que, con el uso de teléfonos inteligentes, la gente iba a estar predominantemente en internet desde su propio teléfono más que desde su ordenador. Por lo tanto, en el futuro las páginas ".mobi" serían más visibles y más relevantes que las páginas ".com" y eso llevaría a que los dominios de palabras claves ".com" tengan una valorización menor a la que tendrían, en el futuro, los ".mobi".

No obstante, los escépticos de ".mobi" decían que si bien estaban de acuerdo en que la internet del celular iba a ser muy relevante, nada impedía que ".com" desembarque con éxito dentro de los teléfonos celulares y se prescinda de ".mobi". De acuerdo con estos últimos, bastaría una modificación tecnológica en las páginas ".com" para hacerlas adaptables al celular para que las empresas puedan usar un solo dominio ".com" para toda la internet, tanto para la red de celulares como para la internet de los ordenadores.

El tiempo les dio la razón a los últimos. No era necesario que nazca una nueva generación de páginas ".mobi" para adaptarse a la nueva internet de los teléfonos celulares. Por el contrario, los sitios ".com" establecieron un software lector que reconoce cuando se está navegando desde un celular y, de forma automática, optimiza el diseño para ser leído desde un celular. Es decir, una funcionalidad nueva sobre las páginas ".com" bastó para hacerlas exitosas en la internet del celular y se pudo prescindir por completo de la entonces prometedora internet ".mobi".

Por eso, pienso que lo mismo podría suceder con la hoy prometedora red etehereum. Si bien los contratos inteligentes son el futuro -sin lugar a dudas-, el avance del software y las aplicaciones mencionadas pueden permitir que estos mismos contratos se monten, con el mismo potencial, sobre la red bitcoin. Parece dudoso que ethereum sea el bitcoin killer y vaya a desplazar a bitcoin.

ANTECEDENTE. LA ESPECULACION CON DOMINIOS. EL REY SIGUE SIENDO .COM

Recientemente, cuando la ICANN abrió el registro a nuevas extensiones, también hubo ola masiva de registros de palabras claves, intentando los especuladores poder hacer la misma jugada que hicieron los que registraron .com

No obstante, en internet funciona el principio "winners takes all", y el .com fue el rey por siempre. La prueba es que, en los mercados especulativos de reventa, .com se valorizó siempre muchísimo más que los nuevos .net, .info, .tel y toda la gama de dominios nuevos.

Así, por ejemplo, mientras que el dominio Vodka.com se vendió a 3 millones de dólares, su par, el dominio Vodka.net, se subastó en Sedo.com (una página de remates de dominios) con un precio mínimo de 25.000 dólares y no pudo venderse. Lo máximo que los compradores ofertaron por vodka.net fue 2000 dólares.

¿Cuál es la diferencia entre vodka.com (3 millones de dólares) y vodka.net (dos mil dólares)? La diferencia es que .com llegó primero al mercado, es el líder y en la mente de miles de millones de usuarios de internet las páginas se llaman sobre todo ".com".

Otro ejemplo es el dominio "Sex.com" que fue vendido en 13 millones de dólares, mientras que sex.net se vendió en 454.000 dólares en una subasta. Además, cabe destacar que ".net" es una extensión muy conocida y consolidada (es secunda, pero es líder), mientras que otras extensiones que han salido actualmente más nuevas todavía las subastas tienen un precio inferior.

Por esta misma razón, para un comerciante aceptar bitcoins en pago no es lo mismo que aceptar una moneda alternativa que no usa nadie y que conocen muy pocos. El mercado se tiende a polarizar y tarde o temprano en el contexto global competitivo de internet se consolida *"winners takes all"*.

A continuación dejo la lista de los dominios más caros de la historia y veremos que ".com" lidera cómodamente el ranking y, en cambio, extensiones nuevas que llegaron a su sombra alcanzan precios muy inferiores y otro tanto se puede ver en los dominios que aluden a mercados nacionales.

Los dominios más caros de la historia cuyo precio de venta trascendió.

1 cars.com $872,000,000 10-04-2012

2 insurance.com $35,500,000 20-02-2010

3 privatejet.com $ 35,500,000 9-08-2012

4 Internet.com $18,000,000 03-06-2009

5 sex.com $13,000,000 11/1/2010

6 hotels.com $11,000,000 9/1/2001

7 fund.com $9,999,950 3/1/2008

8 porn.com $9,500,000 5/1/2007

9 porno.com $8,888,888 2/1/2015

10 fb.com $8,500,000 9/1/2010

11 diamond.com $7,500,000 5/1/2006

12 z.com $6,784,000 11/1/2014

13 slots.com $5,500,000 6/1/2010

14 casino.com $5,500,000 11/1/2003

15 toys.com $5,100,000 3/1/2009

16 korea.com $5,000,000 1/1/2000

17 clothes.com $4,900,000 1/1/2008

18 ig.com $4,700,000 9/1/2013

19 freeporn.com $4,000,000 2/1/2008

20 yp.com $3,850,000 11/1/2008

21 mi.com $3,600,000 4/1/2014

22 shop.com $3,500,000 11/1/2003

23 wine.com $3,300,000 9/1/2003

24 software.com $3,200,000 12/1/2005

25 whisky.com $3,100,000 1/1/2014

26 vodka.com $3,000,000 12/1/2006

27 loans.com $3,000,000 1/1/2000

28 candy.com $3,000,000 6/1/2009

29 wines.com $2,900,000 7/1/2004

30 fly.com $ 2.89.000 10/02/2017

31 creditcards.com $2,750,000 6/1/2004

32 pizza.com $2,605,000 4/1/2008

33 social.com $2,600,000 7/1/2011

34 tom.com $2,500,000 12/1/1999

35 Investing.com $2,450,000 11/1/2012

36 youxi.com $2,430,000 2/1/2014

37 coupons.com $2,200,000 1/1/2000

38 autos.com $2,200,000 12/1/1999

39 114.com $2,100,000 7/1/2013

40 express.com $2,000,000 3/1/2000

41 telephone.com $2,000,000 1/1/2000

42 37.com $1,960,800 3/1/2014

43 savings.com $1,900,000 2/1/2003

44 seniors.com $1,800,000 6/1/2007

45 mortgage.com $1,800,000 3/1/2000

46 dating.com $1,750,000 6/1/2010

47 auction.com $1,700,000 3/1/2009

48 datarecovery.com $1,659,000 3/1/2008

49 branson.com $1,600,000 6/1/2006

50 liu.com $1,556,888 2/1/2014

51 ticket.com $1,525,000 10/1/2009

52 tandberg.com $1,500,000 2/1/2007

53 russia.com $1,500,000 12/1/2009

54 marketingtoday.com $1,500,000 9/1/2005

55 cameras.com $1,500,000 11/1/2006

56 deposit.com $1,500,000 2/1/2000

57 fly.com $1,500,000 11/1/1999

58 vip.com $1,400,000 12/1/2003

59 ebet.com $1,350,000 10/1/2013

60 men.com $1,320,000 2/1/2000

61 photo.com $1,250,000 5/1/2010

62 vista.com $1,250,000 11/1/2007

63 feedback.com $1,230,000 2/1/2003

64 find.com $1,200,000 3/1/2004

65 phone.com $1,200,000 2/1/2003

66 Myworld.com $1,200,000 7/10/2017

67 kredit.de $1,169,175 11/1/2008

68 mercury.com $1,100,000 1/1/2000

69 flying.com $1,100,000 4/1/2010

70 call.com $1,100,000 9/1/2009

71 bingo.com $1,100,000 4/1/1999

72 cruise.co.uk $1,099,798 2/1/2008

73 zip.com $1,058,830 10/1/2010

74 wallstreet.com $1,030,000 7/1/2005

75 webcam.com $1,020,000 6/1/2009

76 invest.com $1,015,000 12/1/2007

77 if.com $1,000,000 2/1/2003

78 personalloans.com $1,000,000 2/1/2012

79 poker.org $1,000,000 2/1/2010

80 qnb.com $1,000,000 12/1/2014

81 DomainName.com $1,000,000 5/1/2011

82 check.com $1,000,000 8/1/2014

83 fish.com $1,000,000 8/1/2000

84 eflowers.com $1,000,000 2/1/2003

85 beauty.cc $1,000,000 2/1/1999

86 box.com $1,000,000 7/1/2011

87 britain.com $1,000,000 1/1/1999

88 btc.com $1,000,000 8/1/2014

89 rock.com $1,000,000 1/1/2000

90 sky.com $1,000,000 2/1/2003

91 topix.com $1,000,000 3/1/2007

92 websites.com $975,000 1/1/2005

93 poker.de $957,937 7/1/2007

94 100.com $950,000 2/1/2014

95 investment.com $900,000 12/1/2007

96 credit.fr $851,875 1/1/2010

97 fix.com $850,000 12/1/2013

98 hot.com $850,000 9/1/2013

99 skiresorts.com $850,000 4/1/2008

100 forsalebyowner.com $835,000 1/1/2000

101 345.com $800,000 1/1/2015

102 beauty.com $800,000 10/1/2000

103 guns.com $800,000 3/1/2010

104 jobs.com $800,000 2/1/2003

105 printer.com $800,000 8/1/2008

106 singapore.com $800,000 2/1/2003

107 wan.com $800,000 1/1/2014

108 dollars.com $789,600 4/1/2008

109 server.com $770,000 8/1/2009

110 ringtones.com $750,000 12/1/2010

111 website.com $750,000 7/1/2005

112 capital.com $750,000 1/1/1999

113 property.com $750,000 8/1/2005

114 ireport.com $750,000 1/1/2008

115 mathgames.com $725,000 8/1/2013

116 aktien.de $725,000 7/1/2011

117 files.com $725,000 3/1/2010

118 nav.no $717,978 5/1/2006

119 refinance.com $706,000 11/1/2005

120 melbourne.com $700,000 12/1/2007

121 local.com $700,000 3/1/2005

122 cinema.com $700,000 1/1/2000

123 vu.com $700,000 11/1/2011

124 runningshoes.com $700,000 4/1/2011

125 taxes.com $700,000 2/1/2000

126 teamwork.com $675,000 1/1/2014

127 luck.com $675,000 10/1/2009

128 on.com $635,000 3/1/2006

129 casino.de $625,060 3/1/2008

130 biz.com $625,000 6/1/2000

131 music.mobi $616,000 12/1/2007

132 jobs.ca $600,000 5/1/2008

133 golf.tv $600,000 2/1/2003

134 annuity.com $600,000 12/1/2005

135 christian.com $600,000 9/1/2009

136 exterminator.com $600,000 10/1/2009

137 reversemortgages.com $600,000 7/1/2013

138 saturn.pl $600,000 9/1/2012

139 job.at $590,949 12/1/2007

140 affiliate.com $579,900 8/1/2008

141 homeownersinsurance.com $570,000 12/1/2010

142 macau.com $550,000 2/1/2006

143 answer.com $550,000 11/1/2011

144 antispyware.com $550,000 12/1/2006

145 university.com $530,000 1/1/1999

146 shemale.com $520,000 1/1/2007

147 game.cn $512,307 1/1/2014

148 jerusalem.com $510,000 9/1/2010

149 laon.com $500,249 1/1/2007

150 li.com $500,000 9/1/2008

151 logo.com $500,000 11/1/2010

152 Jackpot.com $500,000 4/1/2012

153 ipo.com $500,000 9/1/2010

154 gamesforgirls.com $500,000 2/1/2011

155 gay.xxx $500,000 10/1/2011

156 gays.com $500,000 10/1/2006

157 freewebsite.com $500,000 11/1/2012

158 housing.com $500,000 9/1/2013

159 image.com $500,000 1/1/2000

160 invention.com $500,000 10/1/2007

161 newzealand.com $500,000 4/1/2003

162 military.com $500,000 11/1/1999

163 mobile.net $500,000 4/1/2014

164 rebate.com $500,000 10/1/2007

165 rebates.com $500,000 10/1/2007

166 Puzzle.com $500,000 5/1/2011

167 az.com $500,000 10/1/2007

168 3d.com $500,000 12/1/2011

169 act.com $500,000 2/1/2003

170 bike.com $500,000 6/1/2006

171 brand.com $500,000 7/1/2013

172 blue.com $500,000 3/1/2006

173 brazil.com $500,000 8/1/2009

174 finances.com $500,000 9/1/2013

175 challenge.com $500,000 10/1/2012

176 computer.com $500,000 11/1/1999

177 shoppingmall.com $500,000 3/1/2000

178 talk.com $500,000 7/1/2009

179 themortgage.com $500,000 5/1/2000

180 WebHosting.co.uk $500,000 10/1/2012

181 wrestling.com $500,000 8/1/2006

182 financialaid.com $480,000 12/1/2008

183 villas.com $477,630 7/1/2008

184 wisdom.com $475,000 2/1/2003

185 chat.de $470,000 2/1/2003

186 blackjack.com $460,000 2/1/2003

187 me.com $460,000 2/1/2005

188 sex.net $454,500 5/1/2006

189 shout.com $450,000 10/1/2013

190 rio.com $450,000 12/1/2009

191 templates.com $450,000 9/1/2006

192 sportinggoods.com $450,000 11/1/2007

193 meet.me $450,000 11/1/2011

194 boardgames.com $450,000 6/1/2010

195 art.com $450,000 2/1/2003

196 autoinsurance.org $440,000 4/1/2011

197- sex.net $430.000 4-1-2012

198 wap.com $436,000 12/1/2000

199 arearugs.com $405,000 9/1/2009

200 games.mobi $401,500 12/1/2007

Como se puede comprobar, aunque ocasionalmente dominios extensiones distintas a .com pueden alcanzar un precio alto, en general el predominio y liderazgo de ".com" por sobre los otros dominios resulta indiscutible y este predominio de ninguna forma resultó amenazado por las extensiones nuevas.

Cuando la ICANN abrió el registro de dominios para que puedan registrarse cientos de extensiones distintas (.red, .pink, .berlin, .sex, .gay, .surf, .rugby, .bank, .viajes, .games, .beer, .wines, .wine, .online, .web, y cientos más), algunos auguraron que la competencia de extensiones iba a amenazar el valor de los dominios .com Antes que comprar un dominio .com que alude a una palabra clave a millones de dólares, mejor registrarlo gratis con una extensión nueva y esa competencia de ofertas destruiría el valor .com No sucedió de esa manera, porque el gran número de usuarios de internet conoce ".com" y no otros dominios. Tratar de ir contra esa convención (internet es .com) es equivalente a construir automóviles que tienen el volante en el lado derecho, una torpeza. Este año 2017 hubo ventas de dominios ".com" por varios millones de dólares lo que demuestra que el valor sigue siendo comprar el líder.

La comparación puede hacerse también con los cuadros. Hay cientos de artistas en el mundo que venden sus cuadros, pero esta sobre-oferta de cuadros no hace bajar el valor de un cuadro de Andy Warhol por ejemplo.

El bitcoin killer y la especulación

Microsoft arrancó como líder y acaparó todo el mercado de procesadores de texto, muchos años después sigue siendo el líder (con más del 95%) de todos los software procesadores de texto.

Otro tanto se puede decir de las extensiones de dominio ".com".

No obstante, hay miles de ejemplos donde los líderes fueron desplazados. Un ejemplo es el buscador Yahoo! que llegó a ser una plataforma líder en búsquedas y cayó ante el crecimiento arrollador de Google. O podemos pensar en ICQ el cual era el líder para aplicaciones de chat, pero luego cayó ante la llegada de MESSENGER y luego este último desapareció ante la llegada de WATS AP, y así. O sea, muchas veces aparece un "killer" y desplaza al líder de internet en un rubro y lo mismo podría ocurrir con la moneda digital.

En tal caso, surge un killer porque desplaza al anterior líder y ocupa también un lugar central.

Por eso, si bien en el escenario futuro, veo probable que sobrevivan muy pocas de las actuales monedas alternativas, que no más de diez de ellas lideren todo el mercado, y que una, tenga más del 50% o el 60% del mercado, está la posibilidad de que esa moneda líder no sea el bitcoin, sino otra que tenga una tecnología mejor.

La discusión sobre el bitcoin killer -aquella moneda que desplazará a bitcoin- dio lugar a numerosas criptomonedas nuevas que tuvieron un alto rendimiento, producto de la especulación.

Algunas de ellas, durante algún plazo, demostraron un rendimiento superior al del bitcoin y eso hizo que el bitcoin pierda Market Capital dando espacio a otras criptomonedas rivales tales como ethereum, ripple, litecoin, entre otras.

Las dos etapas de la especulación en altcoins alternativas a bitcoin

En esta especulación hay algo parecido a la de aquellos que registraban a nuevas extensiones de dominios de internet, esperando que algún dia puedan revender esos dominios al precio que valen los .com. La inmensa mayoría de estos especuladores perdieron dinero.

Sin embargo, parte de la especulación es correcta y se basa en "descubrir" aquella moneda que desplazará a bitcoin y, por lo tanto, habrá de tener un crecimiento exponencial, reportándole inmensas y justificadas ganancias al especulador eficiente.

Hay un problema en cuanto a riesgo asumido / recompensa esperada. Si los rivales a bitcoin fueran 10, entonces habría 1/10 de probabilidad de acertar si se quisiera apostar a descubrir al bitcoin killer. En cambio, si los rivales a bitcoin son 1/100 entonces la probabilidad de acertar decrece y eso es lo que está pasando. Aparecen nuevas y nuevas monedas con la promesa de destronar a bitcoin y el apostador del bitcoin killer asume cada vez un riesgo mayor para tener la misma recompensa esperada.

Además, se produce un efecto parecido al de las máquinas tragaperras en el casino. Un sesgo llega a que prestemos más atención a los ganadores. Entonces cuando una máquina tragaperras se come la ficha del apostador lo hace en silencio y nadie en toda la sala se entera. En cambio, cuando una máquina tragamonedas paga alto la apuesta, suenan un montón de alarmas, músicas y ruidos y todos se enteran de que hubo un premio. Con las altcoins alternativas pasa lo mismo: aquellos jugadores que pierden viven en silencio su derrota, pero, en cambio, los que ganan a salen a gritar a los cuatro vientos su acierto dando la sensación de que hay que comenzar a apostar a alguna ficha al enorme número de los proyectos que prometen destronar a bitcoin.

A pesar de estos reparos, en un momento especular con altcoins dio un retorno superior al de invertir en bitcoins.

No obstante, argumentaré que hay dos etapas. La etapa pasada, donde las altcoins podían dar una importante ganancia y la etapa actual, donde ya son cada vez una peor inversión y conviene apostar una parte mucho más importante de la cartera al rey: bitcoin.

Primera etapa. El reino de las altcoins.

El limitante de bitcoin, que lo hace lento en incorporar nueva tecnología, es la necesidad de consenso en la inmensa red bitcoin para adoptar los nuevos cambios que permitan avanzar a la moneda.

Esta dificultad para innovar dio lugar a crisis políticas en el seno de la comunidad bitcoin, porque no todos los jugadores se ponían de acuerdo con respecto a los cambios que debían incorporarse.

El famoso debate de la "escalabilidad": qué cambios tecnológicos debían implementarse para poder permitir que bitcoin pueda ser usado masivamente, sin que las comisiones sean muy altas y sin que las transacciones sean muy lentas.

Por otra parte, las plataformas para crear contratos inteligentes en bitcoin tardaron en desarrollarse en todo su potencial y ethereum llegó primero a ese segmento del mercado.

De esta manera, ante la falta de consenso para incorporar tecnología nueva, se generó el espacio para monedas alternativas que se mostraban más avanzadas, al tener aquellas características que bitcoin -por la falta de consensos- no podia incorporar.

Muchos especuladores que invirtieron en estas monedas alternativas tuvieron ganancias muy altas, incluso mucho más altas que los que tenían nada más que bitcoin. Al leer esta situación, más y más especuladores se volcaron a estudiar pasar alguna parte de su cartera a las distintas alts.

Hay un principio que dice "past performance doesnt predict future performance", pero esta sabiduría no es común en especuladores. Entonces, al ver el crecimiento pasado de las alts, nuevos especuladores vuelven a apostar una parte más importante de su capital a alts.

Pero, desde el punto de vista racional, la especulación en alts significa apostar al bitcoin killer.

Sobre todo, hablamos de los especuladores deseosos de mucha volatilidad porque las altcoins, al tener menos market capital, demuestran una volatilidad mucho mas alta.

Segunda etapa. La llegada de los forks

Durante muchos años los problemas de falta de consenso de la red bitcoin para implementar cambios repercutían en no implementar ningún cambio y así es como la dificultad de la escalabilidad se iba para más adelante y surgían -como competencia- nuevas alts que seducían a especuladores de riesgo.

La especulación en altcoins fue exitosa porque significa apostar al bitcoin killer y el bitcoin killer (la moneda que desplazara a bitcoin) tiene su razón de ser cuando la red bitcoin, por problemas de falta de consenso, se niega a hacer avanzar su propia tecnología.

No obstante, esta situación cambio radicalmente a partir del primer hard fork de bitcoin: el de bitcoin cash.

Un fork ocurre cuando, por falta de consenso, una parte de la cadena abre una nueva cadena y da ocasión a una nueva moneda. Los que siguen la cadena vieja, siguen el bitcoin. Los que siguen la cadena nueva, crean la nueva moneda.

Quien tiene bitcoins antes del fork, tiene la misma cantidad en la nueva moneda. Entonces quien tenía 1 bitcoin antes del fork de bitcoin, luego del fork pasó a tener 1 bitcoin y 1 bitcoin cash.

Así fue como surgió "bitcoin cash" que se convirtió en la amenaza más seria de ser el verdadero "bitcoin killer".

Es que bitcoin cash tiene, por definición, la misma masa de usuarios que bitcoin original -es un desprendimiento de la misma red bitcoin- y por eso se convierte en una amenaza mucho más seria para desplazar a bitcoin.

Aunque a muchos preocupó la posibilidad de que bitcoin cash -de tecnología más rápida- desplace a bitcoin, lo cierto es que desplazó a las altcoins. En efecto, ya la especulación por identificar el futuro bitcoin killer no se buscó afuera de bitcoin, sino en este "hijo", en este "bictoin 2" creado desde la misma bitcoin.

En los meses siguientes, pudo comprobarse una inmensa volatilidad que incluso llevó, por momentos, a que bitcoin cash obtenga ganancias superiores al 1000 por ciento en semanas.

En el momento cumbre de máxima especulación, bitcoin cash llegó a valer medio bitcoin y sus promotores hablaban del desplazo del bitcoin original y que la nueva bitcoin cash sería el futuro bitcoin. La amenaza del bitcoin killer se hizo más patente que nunca antes y los mismos especuladores que antes apostaban al bitcoin killer inflando las "alts", ahora se fueron a bitcoin cash debilitando a las alts.

Las alts tuvieron un pésimo desempeño medidas contra bitcoin a partir del fork de bitcoin ocurrido en Agosto de 2017.

A la par, las altcoins perdieron lentamente capital, porque los especuladores advirtieron que esta moneda nueva (bitcoin cash) era mucho mejor candidata a convertirse en el "bitcoin killer".

Si bien es cierto que antes los especuladores en alts ganaban incluso más dinero que los especuladores netos en bitcoin, a partir de Agosto 2017 la situación cambió radicalmente, porque se vio que monedas como ethereum, litecoin, etc. crecieron menos de lo que crecieron juntas bitcoin y bitcoin cash.

Pero eso no es todo. A partir de ese ejemplo exitoso, se realizan más forks. Sucedió el fork de "bitcoin gold" (un bitcoin 3 que también aspira a destronar a bitcoin) y ahora viene el fork de Superbitcoin entre otros futuros forks que se están planeando.

Con cada nuevo fork, Bitcoin envía competencia a las alts y la jugada de apostar a quien será el bitcoin killer (si es que lo existe) se hace más difícil porque se convierte en una ruleta que tiene cada vez más números.

Desde esta perspectiva, entonces creo que el bitcoin killer no saldrá de afuera de bitcoin (monedas rivales como ethereum, litecoin, etc.), sino que será un fork de bitcoin que ocurrirá cuando se haga un desprendimiento de una tecnología mejor porque no pudo ser adoptada por falta de consenso. Y aquel segmento del mercado de especuladores que quieren jugar a "acertar" el bitcoin killer lentamente se va a ir trasladando desde las alts -hasta quitarles toda su fuerza- hacia las nuevas monedas que emite bitcoin a resultado de su falta de consenso interno.

La otra posibilidad es que el bitcoin killer nunca llegue y bitcoin mantenga el liderazgo, en tanto que las modificaciones tecnológicas necesarias para perfeccionarla puedan implementarse con el consenso de la comunidad.

De una o de otra manera, el inversor en un tiempo hará la cuenta que lo mejor es tener la mayoría de su capital en bitcoin y no en otras monedas que aspiran a desplazarlo. Si lo tiene en bitcoin, quizá acierta igual al bitcoin killer en tanto es un desprendimiento de bitcoin. Recordemos que el propietario de bitcoins, cuando se produce un fork, obtiene la misma cantidad de la nueva moneda que tenía en bitcoins.

Las nuevas monedas que emiten los forks no compiten con el líder -bitcoin-, sino con el lugar del "bitcoin killer", un casting de monedas para elegir al sucesor de bitcoin y que cada vez tiene más candidatas y hace más incierta la apuesta, debilitándose todas por competencia de unas con otras.

En conclusión: si bien hubo un tiempo de auge de las alts, lo más probable es que en los próximos meses el mercado cripto se concentre más y más en el líder ya que la llegada de los forks suponen un cambio de etapa que predice el progresivo debilitamiento del mercado de criptomonedas en favor del líder..

En el siguiente gráfico se puede apreciar cómo, a partir del anuncio del primer hard fork de bitcoin -anuncio que se hizo en Julio de 2017- la participación de mercado de bitcoin aumentó en detrimento de la participación de ethereum y de otras alts. A resultas de este gráfico se puede ver, claramente, que ante la noticia del fork los especuladores en alts (que es especular sobre el bitcoin killer), hubieran hecho mejor negocio en vender sus alts y posicionarse en bitcoins (y especular, en todo caso, que el bitcoin killer saldrá de un hard fork de bitcoin).

Acerca de que bitcoin no tiene valor intrínseco porque no deja dividendos.

Algunos críticos insisten en que bitcoin no deja retornos intrínsecos como si lo hacen otros activos. Las inversiones inmobiliarias dejan la renta de alquiler. Los bonos, dejan los intereses que paga el deudor. Las acciones, dejan los dividendos. En cambio, aseguran, bitcoin no deja ninguna ganancia.

No obstante, no es así. Veamos algunas cosas.

El mundo vive en deflación que está disimulada o maquillada por la política de los bancos centrales.

La lógica de mercado hace que sino innovas, tu competidor te vence y te derrota. Todos los actores de la economía deben innovar en precio o calidad, porque de otra manera por la competencia quedan en riesgo. Esta lógica de innovación, potenciada por el avance tecnológico, lleva a que todos los productos bajen de precio. Bajan los precios de bienes industriales, alimentos y servicios porque, con la automatización y la mejora tecnológica, bajan los costos de producción.

Por eso, el mundo vive una veloz deflación que se está acelerando en los últimos años, cuando avanza la tecnología y la competencia se intensifica por el aumento de ritmo del proceso de globalización. Una persona debe hacerse más rica solamente si decide no comprar un producto y esperar, porque el ofertante deberá mejorar el producto en precio o calidad al mes siguiente de acuerdo a esta lógica de innovación y competencia. A medida que todo baja de precio, la gente debería enriquecerse solamente con la decisión de ahorrar.

Pero no pasa así porque los bancos centrales de todos los países del mundo combaten la deflación mundial y la deflación resulta reprimida. Los Bancos Centrales tienen *"inflation target"* o *"pauta de inflación"*, que significa lograr un mínimo de inflación. Emiten para neutralizar la deflación natural y lo hacen porque, con la inflación, te coaccionan a consumir. Al estar coaccionado por la pérdida del capital, te ves obligado a consumir y gastar cada vez más.

Por esta razón, tantos economistas detestan el bitcoin. El premio nobel Stigliz hace poco dijo que el bitcoin debería ser prohibido.

Estos economistas ven al bitcoin como un obstáculo para lo que llaman "políticas contra cíclicas". En realidad, se trata de emitir dinero para forzarte a consumir por la coacción de la inflación. En la medida que te convierten en consumista, mejora el índice general de consumo, mejora el empleo, mejora la recaudación; por eso, estos economistas deben coaccionarte con la inflación a que toda tu vida sea consumir, consumir, consumir cosas innecesarias.

El bitcoin, al ser una moneda de pauta deflacionaria, te permite escapar de esta coacción inflacionaria al consumo. Entonces, como un atajo, te permite beneficiarte con el enriquecimiento resultante de la veloz deflación que vive el mundo. Neutralizada la política inflacionaria de los bancos centrales, el poseedor de bitcoin puede recuperar la ventaja económica que le pertenece por la decisión de no consumir y esperar una oferta mejor en un mundo hiper-competitivo e hiper-innovador que vive en una lógica de hiper-deflación disimulada por la política inflacionaria de los bancos centrales que reprime la hiper-deflación.

Más allá de los beneficios de la mera especulación, el escapar a la coacción inflacionaria digitada por los bancos centrales permite el beneficio económico de poder aprovechar la fuerte deflación mundial. El ahorrista hoy se debería enriquecer sin hacer nada por efecto de la hiper-deflación (pensemos por ejemplo, en los alimentos, hoy los alimentos bajaron drásticamente de precio porque la tecnología bajó los costos de producción), pero son los Bancos Centrales los que le roban al ahorrista y filtran ese enriquecimiento mediante políticas activas ("contra cíclicas") que evitan la deflación nominal.

Entonces es falso que no tiene valor intrínseco y que no deja dividendos o rentas.

Hay un valor en beneficiarte al escapar de la coacción inflacionaria de los bancos centrales, porque implica enriquecerte con los beneficios de la disimulada y tapada hiper-deflación mundial.

La mejor prueba de que el bitcoin permite escapar de la inflación es su sobrevaloración rápida en países hiperinflacionarios. Por ejemplo, Zimbabue. Recientemente, la maltrecha economía de Zimbabue recibió un golpe debido a que una operación militar puso bajo arresto al presidente Robert Mugabe. La impresión de dinero estatal del país africano estuvo desbocada lo que condujo a un robo al ahorrista mucho mayor al robo que le realizan los países de monedas menos inflacionarias y esta mayor inflación condujo a una inmediata revalorización del bitcoin en dicho país. Así es como, en medio de la crisis económica más fuerte, bitcoin se convierte en un activo refugio y las operaciones con bitcoin saltaron a niveles nunca antes vistos en dicho país. Otro tanto sucedió en Venezuela, donde la inflación desbocada llevo a los venezolanos a operar muchísimas más operaciones con bitcoins.

Más allá de casos aislados de inflación descontrolada, una mirada atenta ve que estamos en la época de deflación mundial. Eso se puede ver en bienes como teléfonos celulares, computadoras, ropa, alimentos, juguetes: todo baja drásticamente de precio por la disminución de los costos de producción producto de la tecnología y la automatización a escala.

En conclusión: fruto del avance tecnológico que elimina costos de producción y de la competitiva globalización, el mundo vive en los tiempos de la "hiper-deflación", pero como la deflación desincentiva el consumo, los Bancos Centrales coaccionan con políticas activas inflacionarias impidiendo que el ahorrista pueda disfrutar del merecido enriquecimiento que significaría ser "no-consumista". Bitcoin arroja estos retornos intrínsecos -los de la hiper-deflación-

Por otra parte, el bitcoin es indispensable para realizar *"pagos entre pares digitales"* como dice el paper que cito a lo largo de este trabajo (Mr. Game & Watch). En un entorno global donde internet tiene un peso cada vez mayor, el poder realizar pagos digitales es fundamental.

La mayoría de los pagos electrónicos son diferentes y no son entre pares. Estos pagos requieren de intermediarios que toman todos los datos de quien está pagando. En el caso de una tarjeta de crédito como VISA, por ejemplo, se puede realizar un pago digital a distancia -algo fundamental para el comercio en internet- pero la privacidad de quien está realizando el pago quedará fatalmente expuesta.

Este tipo de pagos electrónicos entre pares retornan al usuario toda su soberanía ya que le permiten prescindir por completo de bancos y de intermediarios. Esta forma de pago usualmente es la única que podría usarse para operaciones ilegales u otras operaciones donde, aún siendo legales, el usuario quiere estar a salvo de que se archiven sus hábitos de consumo en una base de datos. Hoy todas las cosas que consumimos por tarjetas de crédito son tomadas por los organismos fiscales y archivadas en gigantescas bases de datos digitales que reportan todos nuestras preferencias de consumo y esas bases de datos son luego revendidas a terceros o hackeadas. En cambio, con bitcoin podemos realizar el pago sin que ningún intermediario informe con todos nuestros datos sobre nuestro hábito o interés de consumo.

Un ejemplo del problema que significa los pagos online con tarjeta de crédito o con paypal es lo que sucedió cuando se hackeo el sitio de infieles Ashley Madison. Los datos de tarjeta de crédito de los usuarios del sitio quedaron expuestos en internet. Ello porque, a diferencia de lo que sucede con bitcoin que permite pagos entre pares, cuando se paga con tarjeta de crédito quedan expuestos los propios datos y recolectados en bases de datos que pueden ir a lugares indeseados.

En conclusión: posicionarse en bitcoin permite disfrutar de los beneficios económicos de la hiper-deflación mundial -deflación que es maquillada o neutralizada por la coacción inflacionaria de los bancos centrales- y, además, realizar pagos online entre pares, en ambos casos se le devuelve más poder al consumidor o al cliente.

Acerca de los empresarios que no lo aceptan como medio de pago

Recientemente, Jack Ma, el fundador de ALI BABA, sostuvo que no tenía planes de incorporar a Bitcoin como medio de pago en el mega-gigante del comercio online.

Se entiende su respuesta. El magnate sostuvo que, en cambio, va a concentrar esfuerzos en desarrollar ALI PAY, un medio de pago y de financiamiento electrónico del propio portal.

Con ALI PAY, el negocio financiero que antes realizaba el banco ahora lo tiene la plataforma de Jack Ma, multiplicando así sus ganancias. En cambio, con bitcoin, el negocio es del usuario que queda posicionado en moneda deflacionaria, sin coacción inflacionaria al consumo y que gana con cada segundo que pasa por la deflación mundial.

Como la masa crítica de usuarios de bitcoin aún es insuficiente, el empresario puede preferir su propio interés, elegir su ALI PAY y así perjudicar al usuario, ganando con el negocio financiero y también dejándolo posicionado en moneda inflacionaria. No obstante, cuando la masa crítica de usuarios de bitcoin sea suficientemente grande, entonces los mismos usuarios presionarán a favor de su propio interés forzando al empresario a aceptar bitcoin so pena de elegir otra empresa.

Por eso, siendo que bitcoin favorece al consumidor en su pulseada económica con el empresario (el cual prefiere verlo posicionado en moneda inflacionaria y venderle servicios financieros con intereses negativos), los empresarios van a no adoptarlo en los primeros tiempos, pero, cuando se masifique, serán tantos y serán tan fuertes los usuarios que forzarán a adoptarlo a más y más empresas.

Además, producto de los bitcoin-haters que hablan pestes de bitcoin en los medios, se va produciendo entre la masa de bitcoiners un lazo de solidaridad y de emoción. Los usuarios de bitcoin se convierten en evangelistas de bitcoin -muchos de ellos con cierto fanatismo- y por eso cuando la masa crítica de usuarios sea lo suficientemente alta muy pocos empresarios globales se van a poder dar el lujo de irritarlos.

Como parte del futuro, podemos imaginar que los bitcoin supporters, cuando sean multitud, van a boicotear a los empresarios bictoin haters con políticas militantes activas de boicot y manifestaciones en internet críticas.

Ahora, por ejemplo, MERCADO LIBRE puede darse el lujo de soñar con Mercado Pago (joder a los usuarios al forzarlos a posicionarse en moneda inflacionaria en plena época de la hiper-deflación y encima enriquecerse a su costa con servicio financiero), pero...¿Qué pasará cuando la masa de multitudes bitcoiners sea lo suficientemente grande? ¿Podrá perjudicarlos así nomás en sus intereses?

Un empresario bitcoin hater, cuando la masa de usuarios sea suficiente, podrá exponerse a críticos mucho más furiosos de su producto o de su servicio en internet. Esto se puede predecir por la cohesión grupal, por el sentimiento que se ve en las masas actuales de usuarios que por ahora -solamente por ahora- no tienen poder político suficiente para hacer valer sus intereses. Ya hay manifestaciones de bitcoin, ya hay sentimiento, pero si esto crece el poder de fuego que tendrán, como consumidores, como usuarios, para hacer valer sus intereses serán abrumador.

No subestimen este pequeño grupo de bitcoin supporters, el poder que tienen no solo es económico -para elegir a quien respete su interés de posicionarse en moneda deflacionaria- sino también político -para salir a pelear en internet, mano a mano, criticando en redes sociales a las marcas que perjudican sus intereses y que se burlan y desprecian a su objeto de fanatismo-. Es un grupo pequeño...pero está creciendo,

El ejército de reserva de bitcoin. Los true believers.

Los tenededores de bitcoins pueden dividirse en dos grupos, los true believers -que creen en el proyecto- y los fragile hands -especuladores que solo quieren ganar dinero rápido-.

Ante las fuertes caídas que experimentó el precio en el pasado, los especuladores venden asustados porque no tienen convicción en el proyecto, pero la caída de precio no es indefenida. Tiene un piso determinado por los "true believers" y para ellos bitcoin no es una forma de ganar dinero nada más, sino que es una forma de expresarse, parte de su estilo de vida, una parte de su ideología y una cultura. Para ellos, tiene valor participar en esto y atesorar bitcoins.

Dentro de la cultura de bitcoin, estos grupos tienen un lema de guerra "HOLD!!" y, cuando viene la caída, se dan ánimos en redes sociales, grupos de wats ap, "HOLD!" y están defendiendo lo que para ellos es parte de su identidad. Por ello, en caso de que el experimento fracase y no se llegue a la adopción global, el precio no es 0, porque hay un grupo de gente creciente que tiene un vínculo de tipo cultural emotivo con el uso de esta moneda. Este segmento del mercado -los true believers- conforman el piso del precio y, en cada burbuja, por el impacto mediático que produce la suba vertiginosa, aumenta la cantidad de este tipo de usuarios y, por eso, se verifica que al explotar la burbuja el piso queda más alto que en la ocasión anterior.

Pero, sobre todo, creo que los escépticos de bitcoin subestiman la trascendencia que tiene el vínculo emotivo de bitcoin con muchos tenedores de bitcoins. En marketing esto se llama identificación con la marca y es lo más valioso que puede tener una marca: el consumidor la siente como propia y demuestra fidelidad extrema. Esto se ve muchísimo en cierto grupo de usuarios de bitcoin.

Cuando una personalidad famosa habla del bitcoin de forma despectiva, podemos ver que los bitcoins supporters lo asedian con críticas y con muchísima pasión. Esto es lo importante y que es subestimado: hay pasión. Se ve con empresarios críticos de bitcoin o con personalidades de la política que, no bien hacen su declaración, se reproduce en foros de internet especializados y salen furiosos bitcoiners a criticarlo en internet y en redes sociales.

Desde esta perspectiva, los bitcoin users se asemejan a típicas minorias que son muy ruidosas y que pueden ejercer una presión política relevante. Son minorías como las mujeres feministas, los grupos protectores de los animales, los que practican el orgullo gay.... pero que tienen tanta pasión que se convierten en muy ruidosas y logran los cambios políticos e institucionales acorde con sus intereses o a su pasión.

Se convierten en fervientes "militantes del bitcoin".

Desde el lado de los críticos, este factor de pasión y sentimiento -una verdadera cultura- es subestimado o utilizado para burlarse de los tenedores de bitcoin o subestimarlos. No obstante, desde el plano objetivo de la realidad empírica otra es la conclusión: cuando la masa crítica de tenedores de bitcoin sobre-pase un porcentaje de la población relevante (supongamos el 1%), entonces este grupo de presión ruidoso va a poder influir desde el lado político -para disuadir a los personajes de la política que quieran tomar medidas contra el bitcoin- y también desde la perspectiva económica -ejerciendo presión sobre los empresarios para que acepten el bitcoin como moneda de pago, no solamente para tenerlos como clientes sino para evitar disgustarlos-.

Así es como se hacen las revoluciones -lucha que no es económica, sino política también y con grupos de presión- y bitcoin es una utopía de cambio revolucionario para no sufrir más la estafa de los bancos centrales y de los empresarios que te fuerzan a ser consumista porque te posicionan en moneda inflacionaria. El avance hacia ese proceso no será muy pacífico, pero una simple observación del grupo de los tenedores de bitcoin muestra que tienen la pasión necesaria para defender su interés por sobre los intereses que pujan en su contra.

Recientemente, Scott Cutler, Vicepresidente senior de Ebay Américas, declaró que EBAY está *"considerando seriamente"* la integración de bitcoin. Esto es importante: aunque los usuarios de bitcoin sean minoría, son muy activos y militantes y, para no disgustarlos en su cultura (estilo de vida, elegancia, sentido filosófico y apuesta ideológica), resulta un marketing adecuado, por parte de una gran empresa, comenzar a aceptar bitcoins y así ese rumbo, poco a poco, nos dirigimos.

Bitcoin. ¿Especulación o largo plazo?.

Es muy frecuente la idea instalada acerca de que bitcoin es simplemente una burbuja especulativa, compuesta por personas que compran para revender rápidamente y obtener una tajada de dicha operación.

Al respecto, Bouoiyour y colegas (2016) se propusieron estudiar el comportamiento de los inversores en bitcoin con miras a desentrañar esa cuestión.

De su investigación obtuvieron que la mayoría de los inversores en bitcoin se comportan como inversores a largo plazo basados en los fundamentos de la tecnología mucho más que como especuladores que compran para revender-

Uno de las principales razones que alimentan esta perspectiva de largo plazo sería la interacción entre el suministro de bitcoins (decreciente) y la demanda (creciente).

En efecto, según se puede chequear en el sitio coinmarketcap.com, solo circulan en casas de cambio el 3.65% de los bitcoins. La mayoría de los tenedores no los mueve, sino que los tiene en frío y los ve como una inversión a largo plazo.

Sobre la adopción global

La masa crítica de usuarios de bitcoin que se requiere para que sea adoptado globalmente es mucho más chica de lo que, a primera vista, parece.

Como se explica en un paper que calcula que el precio de bitcoin será de 5.2 millones de dólares por moneda, la similtud es comparable con las bebidas Kosher en Estados Unidos (Paper citado al final, *"Bitcoin: A $5.8 Million Valuation Crypto-Currency and A New Era of Human Cooperation"* Mr. Game & Watch).

Casi todas las bebidas que se venden en Estados Unidos son Kosher, a pesar de que menos del 0.3% de la población norteamericana es Kosher.

Esto se explica por dos factores. En primer lugar, es más sencillo para el local vendedor ofrecer un tipo de bebidas en lugar de dos. En segundo lugar, hay una selectiva intolerancia de parte de los usuarios. Mientras que los Kosher son intolerantes a las bebidas no Kosher, los que no son Kosher no lo son a las primeras.

Esta generalización, explican los autores, aplica a bitcoin. Primero, los vendedores de productos van a preferir usar una sola moneda antes que dos. Segundo, habrá una creciente selectiva intolerancia a los dólares norteamericanos -algunos usuarios de dólares, podrían convertir en usuarios de bitcoins, pero los usuarios de bitcoins no serán convertibles en usuarios de dólares-.

Esto se ve de forma mayor en casos globales. Cada moneda fiat nacional, es aceptada dentro de las fronteras del país, pero si se va a otro país, ya los vendedores exhiben intolerancia a aceptarla. En cambio, bitcoins, como moneda global, podría ser aceptada en todas partes.

A diferencia de las monedas fiat, Bitcoin puede ser fácilmente aceptada en todos los países. Mediante aplicaciones como Bitpay, el comerciante puede aceptar bitcoins y obtener un depósito automático del equivalente pero en la moneda fiat de su país de origen. Además, Bitpay es mucho más barato de usar para el comerciante que una tarjeta de crédito, cuando, además, la tarjeta de crédito lo expone a riesgos de fraude por falsificación de identidad entre otros.

Japón. Lidera la adopción del bitcoin. Otros países quedan atrás.

En Abril del 2017 Japón, oficialmente, reconoció a bitcoin como medio de pago. Mientras que los países con legislación hostil a bitcoin, se quedan atrás en la carrera y pierden estratégica ventaja competitiva de desarrollar estas industrias, países pioneros como Japón sin duda apuestan fuerte y, gracias a la visión de sus autoridades, ganan terreno rápidamente.

A resultas de esta legislación favorable a bitcoin, hay más de 300.000 comercios en Japón que aceptan pagos en bitcoin.

Más adelante aún que eso, encontramos recientemente que una empresa importante como GMO internet, un gigante de servicios de internet que cotiza en la bolsa de Tokio, depositará en bitcoins una parte del salario de los empleados que así lo requieran.

La revista digital *Bitcoin Magazine* prevé que la movida de GMO marque la pauta para que cada vez más empresas remuneren a sus empleados con bitcoins u otras criptomonedas.

Esta apuesta de las autoridades de Japón hacia el bitcoin –que lo catapultó a liderar esta economía- contrasta con la de los funcionarios de otros países que llevaron a que los mismos se atrasen.

En efecto, a partir de Enero de 2017, algunos burócratas funcionarios chinos se fueron volviendo recelosos sobre el movimiento de bitcoin. Como resultado de su accionar, causaron transitorias bajas en el precio (por ejemplo cayó desde usd 1100 a usd 7000 en unos días), pero, sobre todo, ocasionaron que China pierda el liderazgo en la economía relativa a bitcoins.

Gracias a la estupidez de sus funcionarios, los ciudadanos chinos –que habían sido pioneros en bitcoins y estaban a la vanguardia- vieron perder su liderazgo frente a los japoneses.

Por su parte, otras regulaciones engorrosas de Estados Unidos también hicieron que decrezca su importancia como jugador mundial en esta economía. En efecto, Bitfinex, una de las casas de cambio más grandes del mundo, para evitarse problemas con estas regulaciones engorrosas, prohíbe el uso de sus servicios a ciudadanos norteamericanos.

Según datos provistos por *Cryptocompare.com*, Japón lidera el mercado de operaciones con la divisa digital con más del 40% del mismo.

Una vida menos consumista y con más tiempo libre

Vivimos agobiados de publicidad imperativa que nos dice que debemos *"gastar, gastar, gastar"* en estupideces superfluas que no necesitamos y que, para poder hacerlo por sobre nuestras capacidades de pago, debemos endeudarnos con la tarjeta de crédito.

Son todas imposiciones. Hay que hacer esto (gasto), hay que hacer lo otro (gasto), hay que hacer más (gasto), todas imposiciones para estar super-endeudados pagando intereses con el peor instrumento de esclavitud de la era moderna: la tarjeta de crédito incentivada por los parasitarios banqueros.

Para eso, estamos posicionados en moneda inflacionaria, porque desde los bancos centrales se nos coacciona al consumo. La alianza entre tarjetas de crédito y bancos centrales se da de esa manera: hacerte creer que los intereses son baratos –pero son caros, porque estas posicionado en moneda inflacionaria- y coaccionarte al consumo y a estar sobre-endeudado pagando intereses para que "la economía marche bien".

Esta economía bitcoin nos permite posicionarnos en moneda deflacionaria, escapar de la tiranía de gastos estúpidos con las parasitarias tarjetas de crédito, y esperar, simplemente, que bajen los precios los productos al ritmo de la deflación mundial.

Así tendremos más tiempo libre en un mundo donde las máquinas están automatizando tareas y es lógico que todos tengamos más tiempo para hacer las cosas que nos gustan (mal que le pese a los burócratas de los bancos centrales, a las tarjetas de crédito y a los bancos).

Como explica (Moorman, 2016), si bitcoin se aprecia sobre el dólar como es esperado, entonces el usuario promedio preferirá atesorarlo antes que gastarlo. Es lo que se conoce como *"un espiral de deflación"* y que, a diferencia de la coacción inflacionaria, vuelve a los usuarios menos consumistas.

Sobre la capacidad de la red.

Una de las críticas más habituales contra bitcoin es sobre la escalabilidad o, dicho de otra manera, la capacidad de la red para poder realizar operaciones masivas

Actualmente, la red se satura cuando hay mucha demanda de su uso y, además, los fees se hacen costosos impidiendo que justifique comprar "un cafe" con esta moneda.

Al respecto, bitcoin puede tomar ventaja de la tecnología de sidechain y de una tecnología nueva llamada "the lightning network". Ambas tecnologías, combinadas, podría permitir a la red bitcoin procesar millones de transacciones por segundo, a una eficacia mucho mayor y más rápida que la que tiene hoy VISA.

Lightning Network consiste en la creación de una red de canales de micropagos distribuidos que permite llevar a cabo transacciones Bitcoin fuera de la Blockchain de una manera segura.

Ya han lanzado modelos de uso de *Lightning Network* para realizar micro-pagos con bitcoin y comprar un café con milésimas de bitcoin a costo muy bajo.

En este caso, se habla de "satoshis". Los satoshis son unidad de medida para fraccionar el bitcoin. La equivalencia es 100.000.000 sathosis igual a un bitcoin.

En fin, a partir de los modelos de uso de *Lightning Network* se demuestra que la escalabilidad del bitcoin no es un desafío imposible, sin que puede instrumentarse perfectamente sea con la señalada o con otra tecnología.

Sobre el consumo de energía

Admito que este es el argumento más fuerte de todos. El consumo eléctrico de la red bitcoin es exorbitante y por eso podría llegar a producirse una resistencia justificada a su adopción.

Al respecto, es importante destacar dos cosas.

Primero, vivimos en la época de la hiper-deflación. Esto quiere decir que la lógica de globalización de mercado y de la innovación tecnológica, lleva a una competencia terrible entre empresarios que baja los costos de producción y lleva a que los precios de todas las cosas y servicios bajen de precio segundo a segundo. No obstante, los bancos centrales (y especialmente la reserva federal) reprimen la hiper-deflación con políticas inflacionarias de signo opuesto, para coaccionar a la gente a consumir y gastar y a que así funcione la economía.

Bitcoin, la moneda deflacionaria, permite aprovechar los beneficios de la hiper-deflación y escapar a la coacción inflacionaria. En tiempos de hiper-deflación la persona se vuelve muchísimo menos consumista (esto es lo que los bancos centrales no quieren) ya que prefiere postergar su decisión de compra.

El mundo de la mejora tecnológica constante y de la competencia precipita la llegada de un nuevo tiempo donde las personas 1) trabajen mucho menos (reemplazo por las máquinas) 2) consuman mucho menos (ahorrativas, porque postergar la decisión de compra implica mejorar el precio).

Este paradigma -que lleva a reducir la jornada horaria de trabajo, que lleva a permitir que se reemplace por máquinas a personas bajando los costos de producción- significa un ser humano con muchísimo más tiempo libre, mucho menos derrochador, mucho menos consumista. Los bancos centrales, en el otro extremo, coaccionan con inflación para que la gente sea mucho mas consumista y al ser mas consumista se justifique que trabaje muchas más horas y así.

Tirar abajo la manipulación de la coacción inflacionaria, llevará a una persona que gastará mucho menos, que trabajará mucho menos, y, en consecuencia, contaminará mucho menos y eso será lo que posibilite esta moneda deflacionaria.

Ese es el primer argumento.

En segundo lugar, estimo que veremos la llegada de un bitcoin verde cuando el gasto de energía sea demasiado injustificable. Esto presionará a la comunidad de la red bitcoin a que adopte una solución que permita consumir menos energía. Y si la comunidad no acepta al bitcoin verde en el tiempo correcto -es decir en el momento en que deberá aparecer- entonces el bitcoin verde surgirá como fork y, si realmente es mejor, destronará al actual -y los inversores no saldrán perjudicados porque en cada fork obtienen la moneda paralela-

Por otra parte, sería justo también hacer la cuenta de cuánto consume el sistema tradicional (bancos, sucursales, impresión de billetes, transportes, cajeros automáticos encendidos las 24 horas, etc. etc.)..

Sobre las prohibiciones estatales.

El economista Joseph Stiglitz -premio Nobel de Economía- es conocido por alentar las metas de inflación ya que, asegura, la inflación aumenta el índice de consumo.

En reiteradas oportunidades Stiglitz le manifestó a la Reserva Federal de Estados Unidos que la inflación debía ser más alta, para, así, aumentar el índice de consumo en Estados Unidos.

Durante la década kirchnerista en Argentina, Stiglitz brindó grandes elogios al gobierno argentino argumentando que la inflación generada por aquella política económica no causaba tantos estragos como se decía.

En aquel tiempo, el economista Martin Redrado comandaba el Banco Central de la República Argentina e impusieron una alta inflación de más del 20% anual. La inflación se combinaba con unos planes llamados de "cuotas sin interés", un engaño que consistía en subir el precio de todos los productos de consumo masivo -para sumarles el costo del servicio bancario de financiamiento- y así igualar el precio al contado que el precio "en cuotas sin interés" (en realidad, se había encarecido el precio al contado).

Como resultado de la política inflacionaria y de las *"cuotas sin interés"*, el gasto en tarjeta de crédito de los argentinos se triplicó en aquellos momentos. Todo ello recibió los elogios del economista Premio Nobel ya que, si bien se habían convertido los argentinos en sobre-endeudados consumidores pagando intereses a sus bancos, había aumentado mucho la política económica.

No tiene nada de raro que Stigliz recientemente haya dicho que el *"bitcoin debe ser prohibido"*. En igual sentido, Martin Redrado (presidente del Banco Central en aquel entonces) sostuvo que los Bancos Centrales nunca van a resignar su rol para emitir la moneda y que por eso el bitcoin no habrá de funcionar como moneda.

Y no tiene nada de raro porque estos economistas lo piensan así: quieren forzarte a que seas sobre-endeudado consumista a partir de la coacción inflacionaria y el bitcoin -una moneda deflacionaria- les arruina la fiesta.

Por lo tanto, muchos dicen que los estados van a prohibir el bitcoin antes de que se pueda extender su utilización. Agustin Echebarne, por ejemplo, dice que si lo prohiben, entonces grandes empresas como Amazon no podrían aceptarlo como medio de pago.

Esta crítica se contesta de dos maneras. Primero, si bien es cierto que hay muchos partidarios de prohibirlo (economistas como Redrado que ven bien que la gente sea consumista y la coaccionan con inflación), en la práctica la prohibición en un país no lo acabará, porque podrá seguir funcionando en otros países. En aquel país que esté prohibido, además, podrá funcionar de manera clandestina ya que es difícil de rastrear si los usuarios toman las precauciones.

Pero, además, la prohibición es políticamente viable cuando la masa total de usuarios es inferior al 0.1% de la población. A medida que los usuarios de bitcoin -verdadera minoría ruidosa- sobrepasen cierto porcentaje de la población total, va a ser muy difícil políticamente enfrentarlos ya que se ve en estas comunidades una propensión pasional a la militancia activa.

Cuando los usuarios de bitcoin sean suficientes, entonces veremos importantes manifestaciones bitcoin y lucha por los derechos de los usuarios de bitcoin y será cada vez más difícil poder enfrentarlos y enojarlos. De la misma manera, cuando la masa de usuarios sea la suficientemente grande, entonces para las empresas será un costo muy grande no aceptar el bitcoin e irritarlos con semejante provocación.

Hoy solamente vemos una miniatura de este efecto cuando un político crítica a bitcoin y salen grupos de bitcoiners a criticarlo enardecidos, entonces no se puede subestimar. Cuando la masa de usuarios sea suficientemente grande, servirá como grupo de presión para hacer valer sus intereses de forma política.

Si se prohíbe en algún país -no descartado-, seguirá funcionando en otros y de forma ilegal en el prohibidor. No obstante, cuando sea el movimiento lo suficientemente grande ya no será posible prohibirlo.

XIII- Pronóstico de precio.

En mi opinión, los cálculos más optimistas, como el paper citado que habla de 1 bitcoin a 5.5 millones de dólares o a 10 millones de dólares en treinta años, pueden fallar por excesivamente racionales.

La adopción global no sería lograda de manera paulatina y racional, sino mediante una corrida cambiaria e histeria global que precipitaría romper todos estos pronósticos en un plazo muy anterior y todo podría ocurrir de forma muy vertiginosa.

Por lo tanto, pienso que la corrida puede comenzar en cualquier momento y ser tan vertiginosa y rápida que nos llevaría a un bitcoin a valor de usd 500.000 en unos meses y que podría valer más de 1 millón de dólares en plazo muy anterior al pensado.

En esto me baso en la teoría de la burbuja. Si, la burbuja se va a producir, pero, a diferencia de las burbujas anteriores, esta burbuja será muchísimo más grande y más rápida.

Si lo quieren comparar con los tulipanes, piensen que se remataban en remates de 50 o 100 personas, pero este es un activo global, donde pueden pujar interesados de todos los países del mundo. La subida tiene que ser mucho mayor.

XIII-a- Proyección de Mr. Game y Cash

En el excelente y muy referenciado paper de Mr. Game y Cash que citamos en este trabajo en algunas oportunidades, se proyecta el valor del bitcoin, si bitcoin llegara a convertirse en la moneda dominante a nivel mundial.

Como ellos consideran que el bitcoin valdrá 11.2 millones de dólares en el año 2027 -fecha en la cual proyectan- concluyen que comprar bitcoin en los años anteriores siempre será una buena inversión, siempre y cuando se pague por ellos un precio inferior 1.5 millones de dólares por bitcoin.

¿De dónde sacan esta proyección de precios?

Primero de todo, consideran el valor total de la suma de todo el dinero líquido que hay junto con el que hay en bancos y en cualquier otra cosa que represente dinero. Usan las estimaciones del Banco Mundial sobre el producto bruto mundial (la suma total del producto bruto de todos los países). El producto bruto mundial luego lo comparan con el suministro de moneda mundial en cada año y dicha cifra la dividen por el suministro (mucho más escaso) de bitcoins. De esta manera, también consideran la inflación de las monedas fiat.

Por ello, estiman para el año 2017 un producto bruto mundial de 81.262 trillones de dólares, con un suministro de dinero estatal mundial equivalente al 118.2% de dicho producto bruto (o sea, más moneda de lo que se puede comprar, inflación) ya que hay un total de suministro de moneda está al equivalente a 96.017 trillones de dólares y un suministro, en cambio, en bitcoins de 16.42 millones. Ello da que, si en el año 2017, bitcoin fuera la moneda dominante mundial debería valer 5.85 millones de dólares. En cuanto al año 2027, que es la fecha en que estiman se produciría esta adopción mundial, da que cada bitcoin debería valer 11.5 millones de dólares, en consideración también al aumento del producto bruto mundial -proyectan un aumento similar al de las últimas décadas-.

Por esta razón, los autores proyectan un bitcoin a un valor de 11.5 millones de dólares y consideran que es buena decisión comprar bitcoin a menos de 1.5 millones de dólares por moneda.

XIII-b- Comparación de las inversiones en cripto con las inversiones en empresas tecnológicas en el año 2000

Se puede comparar fácilmente el entusiasmo por la criptomonedas con el entusiasmo por internet en sus primeros momentos.

Para eso, es importante considerar los siguientes datos que surgen de un gráfico suministrado por Bitcoin.day

Por ello, aquellos que comparan a la burbuja cripto con la burbuja .com son, sin saberlo, excesivamente optimistas.

XIII-c- El tamaño de la sala de remate. La ampliación de la sala de remate.

Para seguir la comparación con las burbujas, puede pensarse en un remate de un tulipán en pleno auge de la manía de Holanda.

Veamos una cosa. Si la sala de remate tiene 30 personas ofertando, entonces predeciblemente el tulipán llegará a un precio menor que si tiene 200 personas ofertando.

Además, si tiene 200 personas ofertando en el remate, la velocidad de la suba del precio será mayor: a menor cantidad de tiempo será posible que otro ofertante aumente el precio ofrecido.

Las operaciones en el mercado electrónico funcionan de manera similar. Cuanto más gente sea la que participa del lado de la demanda, más alto puede crecer el precio del producto que se remata y, además, más rápido puede crecer.

Aquí hay que tener en cuenta una cosa: ¿Qué motivo tenemos para pensar que la sala de remate de la burbuja de las .com fue mayor a lo que será la sala de remate de las ventas de bitcoin? Recordemos que, de acuerdo al market capital, al mercado cripto le falta crecer 30 veces para igualar al que tenía el NASDAQ durante la burbuja ".com". ¿Por qué motivo debería ser inferior?

Recientemente, bitcoin entró formalmente a los mercados institucionales a través de los futuros de bitcoin en una de las bolsas de valores más grandes de Estados Unidos: *Chicago Board Options Exchange*

Esto quiere decir que capitales institucionales -como fondos de inversión, bancos, clientes corporativos- que antes no podían jugar en este mercado, hoy también pueden empezar a especular con bitcoins. No solamente eso, personas que antes, por su idiosincracia y características, nunca hubieran accedido a comprar bitcoins en una página en internet, hoy sí pueden hacerlo a través de estos medios institucionales.

El tema no termina allí. La bolsa de valores de empresas tecnológicas más grande del mundo, el NASDAQ, anunció que planea incorporar futuros de bitcoin en la primera mitad del 2018, informó *The Wall Street Journal*.

Además, a Diciembre de 2017, tenemos el dato de que también el Tokyo Financial Exchange, uno de los principales intercambios financieros de Japón, también ha anunciado realizar operaciones de futuros de bitcoins para principios del año 2018.

Por otra parte, recientemente también el Banco de Suiza anunció que habilitaría futuros de bitcoins.

En otras palabras: se vislumbra un efecto en cadena por el cual cada vez más instituciones -para no quedarse afuera de las comisiones- comenzarán a ofrecer futuros de bitcoins, permitiendo un mayor acceso de capitales institucionales.

Por lo tanto: ¿Podemos creer que la burbuja cripto será más chica que la burbuja del NASDAQ del año 2000?

En conclusión, sabemos que la sala de remate está ampliando exponencialmente su tamaño en las últimas semanas con la entrada de jugadores que antes no participaban y, por eso, aunque la crecida actual sea una "burbuja", de todas maneras le falta crecer 30 veces de precio para consolidarse como burbuja.

La limitación geográfica de la burbuja .com y la ampliación del potencial de bitcoin.

Por lo tanto: ¿Podemos creer que la burbuja cripto será más chica que la burbuja del NASDAQ del año 2000?

Si las cripto formaran una burbuja que fuera igual de grande que la burbuja de las .com, entonces debería ser 30 veces su tamaño actual.

En primer lugar, es importante considerar la barrera geográfica.

Como explica Cassidy (2002) los mayores participantes de la burbuja .com a principios del año 2000 fueron norteamericanos, tanto fondos institucionales como incluso también clase media que buscaban enriquecerse rápidamente.

Esto es natural porque las bolsas de valores suelen operar en un país determinado y los nacionales de ese país son los que con más frecuencia operan en esa bolsa.

Pero esto no es lo que pasa con un activo accesible global como bitcoin: como vemos, ha sido lanzado en la bolsa de Chicago, pero próximamente aparecerá en la bolsa de Japón y en Suiza y también en el NASDAQ

De esta forma, proyecto que se va a formar una burbuja cripto y será al menos 5 veces más grande que la burbuja de las dot com.

Veamoslo con un ejemplo. En pleno auge de las .com, un norteamericano de clase media interesado en especular podía llegar a invertir en alguna de estas promesas tecnológicas. Pero hoy, por ejemplo, puede invertir un surcoreano en el kiosko de su barrio que va y compra bitcoins, o puede invertir un alemán o un chino o norteamericano. La barrera geográfica se desmorona completamente y mientras que la burbuja dot com fue **local,** la que pueden formar las criptos es **global**.

Esto me lleva a concluir que la burbuja de las cripto será 5 veces más grande que la burbuja .com, porque este "tulipán " está en el centro de internet, es intrínsecamente global. El mismo fenómeno de masas que se dio en Estados Unidos en pleno auge dot com, ahora podrá darse multiplicado por todos los países del mundo.

Entonces si bitcoin mantuviera la misma participación de mercado sobre el mercado cripto y este creciera 30 veces -como la burbuja .com- tendríamos que valdría 450.000 dólares. Luego, calculo que será 5 veces más grande y da aproximadamente un bitcoin a un precio superior a 2 millones de dólares.

La llegada del inversor amateur

Al comparar la sala de remate de la burbuja .com con la de las criptomonedas, hay que considerar un factor de peso en el segundo caso.

El avance de la tecnología ha posibilitado que entre a jugar una persona que en otra época no invertía. Antes para ser inversor necesitabas de intermediarios, un broker y ser una persona de cierto nivel cultura y económico. En cambio, bitcoin resulta mucho más accesible como inversión ya que, por las características de automatización de internet, puede ser menos costoso acceder a especular allí.

Entre quienes opinan sobre bitcoin se habla mucho acerca de que hay una irrupción generalizada de principiantes de las inversiones que no entienden de análisis técnico de mercados ni de economía y simplemente compran sin pensarlo mucho.

Se escuchan axiomas como el siguiente: *"el inversor más ignorante es el que le fue mejor en bitcoin"*.

Precisamente por estas críticas, entonces, la burbuja puede ser muchísimo mayor. Quiere decir que, volviendo a la comparación de la sala de remate, la cantidad de gente ofreciendo comprar y subiendo el precio será muchísimo mayor también a la de la burbuja .com en tanto que hoy participan inversores que antes de ninguna forma podían acceder a especular.

Ello me lleva a concluir que la subida de precio será 10 veces más alta que la que se dio en la burbuja .com y también, sobre todo, que será 10 veces más rápida.

Por lo tanto, pienso que veremos próximamente una multiplicación por 100 del precio actual de usd 15000 y que será todo muchísimo más rápido y menos racional de lo que muchos creen.

- Los nocoiners y la furia de los expertos.

Tomado del diccionario "urbandictionary.com", se obtiene la definición de nocoiner.

"A Nocoiner is a person who has no Bitcoin. Nocoiners (usually Socialists, Lawyers or MBA Economists) are people who missed their opportunity to buy Bitcoin at a low price because they thought it was a scam, and who is now bitter at having missed out. The nocoiner takes out his or her bitterness on Bitcoin Hodlers, by constantly claiming that Bitcoin will crash, is a scam, is a bubble, or other types of easily refuted FUD. Nocoiners have little to no computer skills or imagination; even when they see the price of Bitcoin go up and its adoption spread they consider all Bitcoin users to be in a collective delusion, with only themselves as the ones who can see what is happening. This attitude comes from being steeped in the elitist priest cultures found at Harvard, Yale and Columbia, where anyone who is not part of their clique is treated with suspicion by default. The worst nocoiners are tenured academics and goldbugs. Nocoiners believe that the world owes them everything they want because they are part of an elite; they are hysterical liars, brats, prostitutes and losers."

La definición básicamente apunta a describir un prototipo de persona que no compró bitcoin (nocoiner) y que está furioso por habérselo perdido y critica y despotrica amargamente contra bitcoin. Además, esta definición tiene una inmensa sabiduría popular porque también describe que este tipo de personaje es más común en quienes se sienten parte de una elite cultural por haber estudiado en Harvard, Yale y Columbia y tener un MBA.

Buceando en la psicologia del nocoiner. La irrupción del inversor amateur

Generalmente los nocoiners acusan a los bitcoiners de ser irracionales, pero quizá la irracionalidad esté dentro de ellos y sea explicada mejor de forma psicológica.

La teoría de la disonancia cognitiva, ideada por el psicólogo Leon Festinger, pertenece a la ciencia psicológica y explica muy bien la situación de quien, tras haberse esforzado muchísimo en un ámbito, debe justificarse a sí mismo defendiendo su conducta anterior.

Entonces si estudiaste economía, tenés un MBA en una de las universidades más caras y prestigiosas del mundo, resulta coherente con tu conducta anterior que las inversiones inteligentes no sean un territorio para los profanos. Si las inversiones inteligentes las puede realizar cualquier estúpido que no estudió nada ni se esforzó...¿Para qué invertiste tanto dinero en un MBA en Columbia? ¿Para que tenés un doctorado? ¿Para qué dejaste tantas horas de tu vida en esos lugares selectos?

La realidad de bitcoin y de su suba astronómica demuestra que los bitcoiners fueron inversores eficaces. Mucho más eficaces que los agentes de bolsa y que los inversionistas más prestigiosos de Wall Street en cuanto a ratio de ganancia. Pero esto, sencillamente, produce disonancia cognitiva si tenes un MBA en inversiones de mercado en una universidad prestigiosa y resulta difícil de digerir -o mejor dicho, inaguantable-. Por todo esto, la manera de solucionar la disonancia cognitiva es decir que bitcoin es un ponzi, que es una burbuja, y que todos estos inversores no son inteligentes, sino más bien estúpidos amateurs que están siendo engañados por alguna clase de potencia del mal.

Esta situación de disonancia cognitiva produce que frecuentemente veamos "expertos" en economía criticando furiosamente la inversión en bitcoin y recomendando, al tiempo, comprar acciones en la bolsa. Estos mismos economistas luego se jactan de rendimientos del 10% anual de la acción recomendada y se esconden en excusas cuando aparece una baja drástica del papel de su preferencia.

En cambio, cuando aparece la suba de bitcoin, esto no lo pueden digerir y se soluciona la disonancia cognitiva despreciando furiosamente a los inversores en bitcoin. A los primeros, se los tilda de pícaros o de estafadores. A los que vinieron después, se los tilda de estúpidos.

Muchas veces se compara a bitcoin con la burbuja de los tulipanes y la burbuja de las .com Pero cuando les retrucás el argumento sobre el capital de mercado total de la burbuja .com (30 veces más grande que el de las cripto actual), ellos simplemente -de manera totalmente irracional- no saben qué decir porque les causa disonancia cognitiva aceptar que gente que no hizo lo mismo que ellos -estudiar de manera formal en las universidades más caras- puede tener una eficacia mayor en invertir.

Otra teoría psicológica de fuerte aval empírico que explica muy bien a los nocoiners, es la *teoría de la identidad social* del psicólogo Henry Tajfel.

Tajfel y su estudiante John Turner, propusieron que la gente tiene tendencia innata a categorizarse a sí misma en grupos excluyentes ("ingroups"), construyendo una parte de su identidad sobre la base de su membresía en ese grupo y forzando fronteras excluyentes con otros grupos ajenos a los suyos ("outgroups").

En este grupo, la irrupción del inversor amateur que significa bitcoin es equivalente a que alguien sucio y de baja clase irrumpa en el lugar selecto donde están ellos -que forman parte del "ingroup"-. Es un invitado indeseado a la fiesta que no forma parte del club. Entonces, más allá de toda racionalidad, les produce bronca que una persona así esté participando de inversiones y no lo quieren ver allí.

La Teoría de la Identidad Social sugiere que la gente se identifica con grupos con el fin de "maximizar su distinción positiva", ofreciéndole los grupos tanto identidad cultural (nos dicen quiénes somos) y autoestima (nos hacen sentir bien con nosotros mismos).

La Teoría de la Identidad Social explica bien a los nocoiners y a los bitcoiners. Los bitcoiners están haciendo cierto fanatismo porque usan al bitcoin como parte de su identidad (remeras con bitcoins, gorras de bitcoin, stikers de bitcoin) y ello predice que, cuando alcance la masa crítica, serán una fuerza económica y política imposible de vencer por empresarios y por políticos ya que ellos tenderán a defender con devoción a su objeto de preferencia.

En cuanto a los nocoiners, como dice la definición, son un grupo de gente que se siente parte de una "elite cultural" económica. Sus estudios en universidades altamente prestigiosas, su trayectoria como directivos de instituciones de referencia, la han convertido en parte de su identidad y por eso traza una diferencia entre el endogrupo (la elite cultural) y el exogrupo (los ignorantes que no están a su altura, la irrupción del inversor amateur o del profano).

La inversión en bitcoin permite la entrada de personas que estaban socialmente marginadas del terreno de las grandes inversiones (gente del exogrupo), y por eso esta elite cultural de expertos en finanzas necesita, por razones psicológicas, despreciar a bitcoin y a todos sus adeptos.

Esta situación, propia de la psicología de las masas, lleva a que sea muy usual que los expertos en finanzas y en mercados hagan opiniones muy críticas y despiadadas de bitcoin las cuales no son racionales, sino propias de este mecanismo descripto. Por razones psicológicas, ellos necesitan el fracaso de la criptomoneda y sobre todo hay una lucha política y sociológica: excluir de la fiesta al mal vestido inversor amateur que no es bienvenido aquí (pero que no se piensa ir).

Aunque en la superficie vemos supuestos argumentos racionales, subyace esta situación: se necesita criticar a quien pertenece al exogrupo, el "inversor amateur" que no forma parte de su élite cultural y de su status de gente instruida y superior al resto de la población.

Como ha pasado con otros movimientos similares -los blancos que resistían la participación de los negros, los hombres que resistían la participación de las mujeres, los aristócratas y nobles que resistían la participación del pueblo- el inversor amateur ha llegado para quedarse en la fiesta y no piensa irse y, además, triunfará por sobre sus recelosos despectivos, en tanto que tiene una potencia mayor, la potencia de la masa.

¿Qué nos dice todo este escenario descripto? Que la irracionalidad está del lado de los nocoiners, un ámbito donde se agrupan los mayores tomadores de decisión de las plazas internacionales y que, por eso, por razones psicológicas, el precio está reprimido. Cuando este pesimismo irracional se destrabe, pasará todo de forma muy rápidamente: un salto brutal y descomunal jamás visto del precio que hará temblar todos los mercados y que premiará a quienes, antes que dejarse llevar por las emociones aludidas, tuvieron la racionalidad de contemplar, de manera fría y racional, el potencial del mercado.

Para ver de forma racional el mercado, debe considerarse 1) el market capital total de la burbuja .com y que para igualarlo el mercado cripto debe crecer 30 veces 2) el hecho de que bitcoin es global y las acciones son nacionales así que debe ser mucho más grande y la suba mucho más rápida 3) la irrupción del inversor amateur, un ser tan masivo como lo es la clase media de todos los países del mundo, un ser que antes no invertía y que hoy descubrió que -sin agente de bolsa, sin broker, sin intermediarios- puede ir al kiosko cercano a su casa e invertir en bitcoins.... y cuando el inversor amateur llegue de verdad a jugar en los grandes mercados... estos últimos temblarán.

Bitcoin NO es una burbuja en Diciembre de 2017 ni puede serlo.

Los más altos referentes de Wall Street están diciendo que bitcoin es una burbuja, y esto no importa si se trata de W. Buffet o de Belford (El " Lobo de Wall Street") o de Alan Greespan o de todos los que estuvimos citando en la sección de las críticas.

A mayor abundamiento, Bancos Centrales de distintos países han emitido recomendaciones de no invertir en bitcoins, así como tenemos bancos que dicen, oficialmente a sus clientes, que los bitcoins son extremadamente peligrosos.

Los expertos están en los medios asegurando, constantemente, que solamente puede invertir en bitcoins aquel que esté dispuesto a perderlo todo (no parece muy promisoria la inversión…¿No es cierto?).

Recientemente (Septiembre de 2017), Pan Gongsheng, el presidente del Banco Central de China, sostuvo que no está seguro de cuando, pero no tiene dudas que el bitcoin va a destruirse. El funcionario esgrime que se va a sentar a esperar en la costa del río y pronto verá pasar al cuerpo muerto del bitcoin. No es distinto de lo que dice Alan Greespan (reputado ex jefe de la Reserva Federal) o de lo que opinan constantemente los economistas relevantes en los medios advirtiendo a la población.

Dentro de los referentes de opinión institucional, la expectativa no difiere mucho. Entre otras muchas voces autorizadas que critican, Jim Rickards, el editor del boletín *Strategic Intelligence* sostuvo recientemente que el precio de bitcoin no es real, que está siendo manipulado y que, cuando estalle la crisis, no podrá resistir el pánico como si lo hizo históricamente el oro. Su opinión fue publicada en la influyente revista de finanzas *Business Insider*, la cual también publica un reportaje al Premio Nobel Paul Krugman quien afirma que bitcoin es *"una burbuja más obvia que la de la crisis de las hipotecas"*.

Constantemente en los medios especializados vemos opiniones acerca de la tremenda "burbuja" que es el precio de bitcoin. Entre tantos otros ejemplos, puede mencionarse a Ray Dalio, el fundador del mayor fondo buitre del mundo, sostiene que el precio depende de gente que compra para venderlo rápido a mayor precio "por lo tanto… es una burbuja". Además, Dalio asegura que es no es una buena reserva de valor porque es muy volátil.

En fin, lo de Krugman, Dalio, Rickards, son la moneda corriente de las publicaciones especializadas que hablan de una burbuja especulativa y de un precio absurdo.

La tendencia de los grandes líderes de opinión institucional se reporta también en las bases.

Según un sondeo del canal financiero CNBC realizado en la primera semana de Diciembre de 2017, el 80% de los economistas y estrategas de Wall Street creen que bitcoin es una "burbuja". Solamente el 2% de los consultados considera que el precio tiene fundamentos y un 17% responden que no lo saben o no lo tienen claro. CNBC, en este estudio, entrevistó a casi medio centenar de economistas, gestores de fondos y estrategas de Wall Street entre el 7 y el 8 de diciembre de 2017.

Por otra parte, recientemente *The Wall Street Journal* realizó su propia encuesta entre economistas y obtuvo que el 96% de los economistas consideran que el bitcoin "es una burbuja". De los 53 analistas de mercado consultados por el periódico, 51 dijeron que era una "burbuja".

Un momento…¿No hay algo que anda mal aquí? ¿Cómo podemos estar en una burbuja, si el 96% piensa que es una burbuja?

Obviamente, esto es un disparate: no hay ninguna burbuja. No hay forma que una burbuja se forme en un clima de pesimismo generalizado.

Bitcoin está subiendo de precio en medio de un clima de temor de una muy anunciada caída abrupta de precio. Sube de precio porque sube su adopción –la masa de usuarios de bitcoin- y sube con el viento en contra del pesimismo generalizado del mercado.

Teeter (2017) hizo una investigación sobre las condiciones que preceden a las grandes burbujas del mercado. Encontró que lo más importante a detectar para reconocer una burbuja son las *"narrativas institucionales"*.

El autor hizo un profundo estudio sobre los eventos en Estados Unidos en los momentos anteriores a la burbuja .com Recorrió más de 400 textos institucionales de revistas financieras, bancos y líderes de opinión desde los años 1987 (el año de la crisis precedente del mercado) hasta el año 2000 (el pico de la burbuja .com). Los textos que consideró fueron agrupados por su valor institucional, textos emitidos por oficiales de la Reserva Federal , revistas especializadas (más de 135 artículos en revistas como Forbes), y organismos potencialmente reguladores (más de 200 textos o discursos emitidos por autoridades del Congreso o de la Casa Blanca).

Dice que los ciclos de burbuja pueden reconocerse por tres fases y todas son detectables en la narrativa. La primera de ellas, es la narrativa de la crisis. En esta primera etapa, los grandes formadores de opinión y que cuentan con una voz autorizada, reportan una explosión de críticas hacia el producto que más tarde sufrirá una burbuja. Están concentrados en los problemas regulatorios y sus vulnerabilidades y son pesimistas con respecto a su potencial. Durante la etapa de la "narrativa de la crisis", los trabajos institucionales reconocen los impedimentos para que surja el nuevo producto. Es una narrativa pesimista y alarmista que se puede encontrar en los textos institucionales.

Un hito importante de la "narrativa de la crisis" en internet lo constituye una famosa declaración del presidente de la reserva federal Greenspan acerca de la *"exuberancia irracional"* de los mercados, declaración formulada en 1996 y representativa de una narrativa de crisis por parte de las voces institucionales.

En aquellos años de vigencia de la *"narrativa de la crisis"* podía leerse en las publicaciones especializadas una preocupación por el riesgo de que las empresas extranjeras sean más "competitivas" que las norteamericanas en un entorno de globalización (las más amenazantes eran las empresas de Japón y las de Alemania). Por ello, en el período de 1987 a 1992, se verificó un importante pesimismo, característico de la "narrativa de la crisis" en las publicaciones institucionales.

En la segunda etapa, viene la *"narrativa del descubrimiento"*, donde las voces críticas y pesimistas comienzan a decrecer, ya que encontramos el florecimiento de una narrativa institucional que se concentra en el potencial de la nueva economía. En la *"narrativa del descubrimiento"* se ve la posibilidad de destrabar las regulaciones hostiles al nuevo producto como forma de incentivar su potencialidad y sus beneficios para la economía. Los impedimentos institucionales –que antes se veían como necesarios- comienzan a ser considerados peligrosos obstáculos al desarrollo económico. Se reconoce la llegada de esta etapa porque empiezan a aparecer artículos y trabajos más y más optimistas conforme pasa el tiempo y los capitales institucionales, que son receptivos de la narrativa institucional, comienzan a entrar dentro del nuevo producto.

Finalmente, la última etapa es la *"narrativa del boom"*. Cuando en las publicaciones institucionales encontramos la llegada de este tipo de narrativa, se predice el inminente proceso de burbuja que culminará en un crack como el crack de las .com en el año 2000. Durante la llegada de la *"narrativa del boom"*, los actores más poderosos del mercado, especialmente aquellos que están entre los más prudentes y conservadores tomadores de decisión y que inciden en regulaciones, exponen crecientes narrativas optimistas y empieza a florecer amplio rango de análisis de mercado distinto al análisis fundamental (el cual mide la potencial ganancia, los hechos, la realidad).

En aquella etapa de la "*narrativa del boom*" apareció un nuevo keyword dentro de los discursos que daba la Reserva Federal y las publicaciones financieras especializadas: "*Nueva Economía*". En efecto, esta idea sobre "nueva economía" no aparecía en años anteriores y su repetición en los titulares y en los discursos fue un signo de aquella etapa de pico de la burbuja, caracterizada por un optimismo generalizado.

Mientras que, en la etapa de la crisis, la narrativa institucional era crítica, en la del descubrimiento era neutra, aquí, en la narrativa del boom la expresión "*nueva economía*" copó las publicaciones especializadas. En el discurso de Greenspan del año 2000 (6 de Marzo del 2000), ya la *narrativa del boom* estaba en su pleno apogeo: Greenspan –que en años anteriores había sido cauto y hasta crítico- señaló los cambios dramáticos en las formas en que los productos y servicios son producidos como la evidencia de una nueva y excitante economía de Estados Unidos.

Llegó a exclamar (marzo del año 2000) que la economía tendrá una espectacular performance, de la mano de la "*revolución en las tecnologías de la información*". Según el optimista Greenspan del año 2000, las sinergias producidas por las tecnologías disruptivas nos iban a llevar a un mundo fascinante y a un punto incomparable de la historia.

Teeter (2017) explica cómo estas narrativas institucionales son las que persuaden a los grandes capitales de que obtendrán grandes ratios de ganancia en el producto nuevo y esto último es lo que caracteriza a la etapa de burbuja que predice el crack.

La característica de la *"narrativa del boom"* es que publicaciones con respaldo institucional, seriedad y credibilidad tientan a los inversores con expectativas de altos retornos.

Por todo esto, con tantas voces autorizadas advirtiendo sobre los peligros de bitcoin, con el 80% de los economistas y tomadores de decisión de Wall Street diciendo que el precio no se justifica y actuando en modo pesimista y cauto; cuando encontramos que Bancos –como el Banco Suizo- institucionalmente se dirigen a sus clientes para recomendarles no invertir en bitcoins, es muy fácil reconocer que no hay burbuja todavía porque estamos en la primera fase (la narrativa de la "crisis") y que, posiblemente, la burbuja de precio llegará después.

Siempre comparan con la burbuja .com (que tenía 30 veces más capital invertido que el actual mercado cripto). Si lo hacemos bien y comparamos con la burbuja .com, encontramos que aquellos inversores que escucharon a las "narrativas institucionales" no compraron durante la *narrativa de la crisis*, compraron poco durante la *narrativa del descubrimiento*, y compraron muchísimo durante la *narrativa del boom*…. y se fundieron. Por el contrario, lo que hicieron lo opuesto a lo que decían las narrativas institucionales compraron fuerte durante la *narrativa de la crisis*, empezaron a vender durante la *narrativa del descubrimiento,* y vendieron todo durante la *narrativa del boom* y se hicieron ricos.

Hasta podemos hacer un termómetro Greenspan. Cuando Greenspan era cauto con el futuro de la economía estadounidense, venía un gran crecimiento. Cuando estaba optimista, vino el crack. Hoy el mismo economista habla de forma muy pesimista de bitcoin.

La lección que deja la crisis de las .com es que conviene hacer "lo opuesto" a lo que dicen las narrativas institucionales. Y está claro que las voces más serias e institucionales —como publicaciones especializadas, como los actores relevantes del mercado, entre otros- están expresando una opinión muy pesimista sobre bitcoin.

No puede haber más indiscutible señal de ausencia de burbuja que el pesimismo del mercado.

Varias burbujas y la última una corrida cambiaria.

A mi modo de ver, la lucha de valor de bitcoin contra monedas fiat tendrá la forma de varias burbujas -que se forman y luego explotan- y la última burbuja ya no explotará, sino que será una corrida cambiaria histérica a nivel global de personas desprendiéndose a gran velocidad de monedas fiat.

Por eso, esta burbuja actual puede reventar como pasó con las anteriores burbujas de bitcoin...o bien no hacerlo y seguir creciendo, a una velocidad cada vez mayor, hasta formar una corrida cambiaria. Si la burbuja actual revienta y el precio cae abruptamente, entonces habrá otra vez un largo mercado bajista (los medios anunciando la muerte de bitcoin) y luego, luego de eso, vendrá la siguiente burbuja hasta que la última ya no bajará, sino que será una corrida cambiaria irreversible y de velocidad cada vez mayor.

Los bancos centrales, para defender su moneda nacional, deberían comprar desde ahora bitcoins. Comprar bitcoins lo va a dejar mejor preparados para cuando irrumpa el nuevo tablero mundial de liderazgo de bitcoin y de la corrida cambiaria.

De hecho, si observamos la evolución del precio de bitcoin encontramos una sucesiva continuación de diversas burbujas que suben de manera abrupta y luego explotan, pero en cada explosión dejan el precio mucho más alto que al inicio de la burbuja.

La primera burbuja de bitcoin ocurrió el 12 de Junio del año 2010, tras un artículo optimista que apareció en un popular sitio (Slashdot). El precio de bitcoin entonces subió de $0.008 centavos de dólar por bitcoin a $0.080 centavos de dólar por bitcoin en un período de 5 días. Como se ve, bitcoin subió 10 veces en 5 días. Luego, bajó abruptamente a 0.060 dólar por bitcoin (pinchazo de la primera burbuja de bitcoin).

Luego tenemos la "Gran Burbuja" del año 2011. Tras un artículo que hablaba del uso de bitcoins en el sitio de drogas ilegales de la dark web (silk road), bitcoin llegó rápidamente a 30 dólares por bitcoin, con una suba superior a 100 veces en pocos días. Tras el pico de aquella burbuja, bajó el 93% de su valor en los siguientes meses.

En el 2013 se produjo otra burbuja, haciéndolo subir al precio hasta la cima de 100 dólares por bitcoin y luego a 266 dólares por bitcoin. No obstante, esta otra burbuja también tuvo que explotar, y el precio cayó de 266 usd abruptamente al precio de 120.

En Noviembre de 2013 se produjo una de las burbujas más grandes y más tristemente recordadas de toda la historia de bitcoin. El exchange líder Mt Gox había implementado un software llamado Willy y Marcus que falsificó el volumen en Mt Gox manipulando el precio y lo llevó a la cima de 1242 dólares por bitcoin el 28 de Noviembre de 2013.

Más tarde, los usuarios vieron que ya no podían recuperar su dinero y Mt Gox cayó, entonces los bitcoiners perdieron todos sus ahorros, el exchange cerró y nunca los recuperaron. Esto demuestra la necesidad de no tener el dinero en exchanges sino colocarlos en una billetera personal, como una paper wallet. Hay numerosos casos de pérdidas masivas por quiebras de exchanges donde a los clientes les hacen perder todo su dinero a excusas de hackeos u otras artimañas: es necesario proteger el capital guardando cada usuario su propios bitcoins.

A partir de aquella gran estafa, el precio bajó desde los 1242 dólares originales a precios muy inferiores en los años siguientes. El mercado bajista llegó hasta el año 2016 donde comenzó a inflarse otra burbuja y hoy está el precio en usd 15000.

Por esta naturaleza de corridas cambiarias que muestra bitcoin contra el dólar, puede compararse a un boxeador que le pega a su contricante. Cada burbuja es un round y si no lo voltea, será en el round siguiente. Pero la última burbuja será una corrida cambiaria y, cuando estamos viviendo una burbuja salir y vender es una decisión complicada en tanto que 1) no se puede saber si vendemos en el techo de la burbuja o falta crecer aún mucho más 2) no se sabe si será la última burbuja, la que ya no explote y forme una corrida cambiaria con legiones de inversores amateurs en todos los países del mundo comprando bitcoins y de forma ya irreversible y tan violenta como el K.O de un boxeador que sigue pegando hasta que el otro caiga y no se levante más.

Pronóstico sobre precios

Por todas estas razones, estimo que el precio está fuertemente reprimido. Quienes hablan de burbuja se alarman de una olita de la playa sin ver el tsunami que viene detrás.

En un reciente estudio publicado por el canal financiero CNBC, el 80% de los economistas de Wall Street creen que bitcoin es una burbuja y solamente el 2% de los economistas de Wall Street cree que el precio actual de la criptomoneda tiene bases fundamentadas. Como se ve, el precio actual está en pozo de pesimismo del mercado profesional y en una burbuja sostenida por el empuje del inversor amateur.

Wall Street está en pánico y fuertemente pesimista. Incluso algunos bancos se negaron a operar el bitcoin por el extremo miedo que les provoca su cotización. Hubo varios episodios que documentan el pánico de los mercados. Es un hecho histórico de pánico jamás reportado en toda la historia de las finanzas.

El techo actual del precio es equivalente a que el 80% de los economistas de Wall Street dejen de temer y comiencen a pensar que bitcoin es un nuevo paradigma, porque eso significaría mudar un escenario pesimista y de pánico (como el actual) por un escenario de euforia (donde debería subir 100 veces más porque los tomadores importantes de decisión están pesimistas y podrían hacerse optimistas).

Este cruce de aguas entre el "inversor amateur" (optimista) y que mantiene el precio en su máximo techo (techo amateur, burbuja junior), la llegada de los mercados internacionales e institucionales (pesimistas), nos dice que el precio tiene margen para subir de 50 a 100 veces más en poco tiempo (burbuja senior), pero no sabemos si ello ocurrirá ahora o, tras el estallido de la burbuja actual, en la siguiente burbuja.

Como dice George Soros, el "*pesimismo genera buenos precios*" y es un dato importante que hoy, en plena llegada de bitcoin a Wall Street, el 2% de los economistas cree que el precio correcto (momento de máximo pesimismo del mercado).

Este fuerte pesimismo no lo hará bajar. Hemos visto que los escépticos de bitcoin no entran a jugarle en short (no apuestan a la baja) sino que critican de afuera como cobardes. En cambio, los optimistas son los que sí entran a jugar. Por eso, si el 80% de los tomadores de decisión son fuertemente pesimistas de todas maneras no jugarán ni entrarán en este mercado. Si solamente el 2% es optimista, entonces las operaciones que forman el precio actual, operan con un tímido 2% que tiene un largo recorrido de crecimiento conforme cambie el humor del mercado.

No hay otra conclusión posible: con el bitcoin en Wall Street y el 80% de los tomadores de decisión fuertemente pesimistas, estamos en un gran pozo de mercado, estamos con un precio absurdamente bajo para lo que significa la criptomoneda hoy, cuando se ha consolidado con respaldo institucional.

A diferencia de otros optimistas de bitcoin, no considero que este proceso se de paulatinamente y con racionalidad, sino más bien como una gran corrida cambiaria contra las monedas fiat desatada de forma mundial. La caída de valor de las monedas fiat frente a bitcoin será comparable, en velocidad y vértigo, a la caída de valor de su moneda nacional que tienen los países que viven un proceso de hiperinflación.

Por todo esto, difiero en la tardanza de los pronósticos optimistas. Va a llegar a valer 1 millón de dólares en una subida totalmente vertiginosa que no es comparable con la subida de las acciones, sino más bien con la que ocurre en las corridas cambiarias de estados fundidos, pero será a escala global.

Tengo muchas dudas de si esta burbuja será la última- es decir, si estamos en el inicio de la corrida cambiaria- o habrá que esperar a la próxima y aprovechar para comprar btc en la caída explosiva de la burbuja actual.

Pero lo siguientes razones enumeradas me hacen pensar que la actual burbuja será la última y que en los próximos meses la subida podría crecer de ritmo rompiendo todos los pronósticos y llegando a valer 1 millón de dólares por bitcoin.

a- Que la participación de btc en el mercado cripto está reducida por la especulación en altcoins, pero la llegada de la era de los forks debilitará gravemente a las altcoins, concentrando mucho más el mercado en el líder y eso producirá una gran subida de btc con fondos provenientes de usuarios actuales de criptomonedas que aumentarán la participación de btc en su portafolio de inversiones cripto.

b- Que ya estamos en la institucionalización del bitcoin con su llegada a la bolsa de Chicago y a otras bolsas mundiales. Por lo tanto, la "burbuja junior" del mercado cripto podría ser sucedida por una "burbuja senior" que se de daría cuando los fondos institucionales incluyan a bitcoin dentro de sus portafolios de inversiones, y cuando los primeros bancos centrales del mundo compren bitcoin como reserva, ello generará un aumento drástico de la capitalización de la moneda deflacionaria.

c- Que si estas dos subidas (correspondiente a y b) llegaran a realizarse, podría producirse una nueva generación de bitcoiners ricos que serían mucho más numerosos que la generación anterior y esto provocar cientos de historias en los medios masivos que serían muy llamativas y susceptibles de despertar al jugador que me parece relevante: la llegada del masivo inversor amateur que llegaría en hordas multitudinarias y de todos los países del mundo.

Aquellos que comparan con los tulipanes subestiman el factor geográfico: únicamente holandeses compraban tulipanes, en cambio aquí podrían ser personas de todos los países del mundo y de todas las clases sociales.

Por lo tanto, considerando a, b, y c. considero que esta puede ser la última burbuja y que termine con el inicio de una corrida cambiaria contra las monedas fiat, una crisis muy grande en los mercados y el inicio de una nueva era donde la gente será menos consumista, más ahorradora, con una jornada laboral reducida y con más tiempo libre.

Por todo esto, como digo en el título, podremos ver 1 bitcoin = 1 millón de dólares... en meses.

BIBLIOGRAFIA CONSULTADA:

Bouoiyour, J., Selmi, R., Tiwari, A. K., & Olayeni, O. R. (2016). What drives Bitcoin price. Economics Bulletin, 36(2), 843-850.

Castells, M., Banat-Weiser, S., Hlebik, S., Kallis, G., Pink, S., Seale, K., ... & Varvarousis, A. (2017). Another economy is possible.

Ciaian, P., & Rajcaniova, M. (2016). The digital agenda of virtual currencies: Can BitCoin become a global currency?. Information Systems and e-Business Management, 14(4), 883-919.

Dwyer, G. P. (2015). The economics of Bitcoin and similar private digital currencies. Journal of Financial Stability, 17, 81-91.

Garcia, D., Tessone, C. J., Mavrodiev, P., & Perony, N. (2014). The digital traces of bubbles: feedback cycles between socio-economic signals in the Bitcoin economy. Journal of the Royal Society Interface, 11(99), 20140623.

Indera, N. I., Yassin, I. M., Zabidi, A., & Rizman, Z. I. (2017). Non-linear autoregressive with exogeneous input

(NARX) Bitcoin price prediction model using PSO-optimized parameters and moving average technical indicators. Journal of Fundamental and Applied Sciences, 9(3S), 791-808.

John Cassidy (2002), Dot.con : How America Lost Its Mind and Money in the Internet Era (New York: Harper)

Maurer, B., Nelms, T. C., & Swartz, L. (2013). "When perhaps the real problem is money itself!": the practical materiality of Bitcoin. Social Semiotics, 23(2), 261-277.

Moorman, N. J. (2016). Bitcoin's Global Potential: Examining the Obstacles to Becoming a Legitimate Financial Tool.

Mr Game & Watch (2017). Bitcoin: A $5.8 Million Valuation Crypto-Currency and A New Era of Human Cooperation

Nakamoto S (2009) Bitcoin: a peer-to-peer electronic cash system. Bitcoin. http://bitcoin.org/bitcoin.pdf

Sahoo, P. K. (2017). Bitcoin as digital money: Its growth and future sustainability. Theoretical and Applied Economics, 24(4 (613), Winter), 53-64.

Teeter, P. (2017). The role of narratives in asset bubble formation: The case of the US tech bubble. The University of Queensland

Yelowitz, A., & Wilson, M. (2015). Characteristics of Bitcoin users: an analysis of Google search data. Applied Economics Letters, 22(13), 1030-1036.

AUTORIZACION PARA REPRODUCIR: Como autor, presto expresa conformidad para que el contenido de este libro pueda ser reproducido de cualquier forma y bajo cualquier formato y de manera absolutamente gratuita. Si has leído este libro de forma gratuita y te ha servido o te ha aportado, por favor considera hacerme una donación para que pueda seguir dándole tiempo a escribir y a investigar

DIRECCION DE BTC PARA RECIBIR DONACIONES QUE ME PERMITAN SEGUIR ESCRIBIENDO E INVESTIGANDO: bc1qywpekktzxwekpz5vyj5tt6xfmjsl09xs9d87x3

www.ingramcontent.com/pod-product-compliance
Lightning Source LLC
Chambersburg PA
CBHW031627210526
45464CB00004B/1792